Antan Minatti

Kiria Deva
und das
Kristallwissen von Atlantis

Smaragd Verlag

Freiheit ist die Anerkennung der Andersartigkeit, auch in den Geschichten, die weitergegeben werden, auch in der Geschichte von Atlantis.

www.smaragd-verlag.de
Deutsche Erstausgabe Juli 2001
Satz: DTP-Service-Studio, Rheinbrohl
Cover: XPresentation nach dem Bild „Lichtmanifestation“
von Soham Holger Gerull, 36100 Petersberg-Steinhaus
Printed in Czech Republic
ISBN 3-934254-34-9

WIDMUNG

Dieses Buch ist all meinen Sternengeschwistern gewidmet, die ich schon in der Zeit von Atlantis und Lemurien kennen und schätzen gelernt habe und die jetzt gemeinsam mit Mutter Erde den Entschluß gefaßt haben, die Erschaffung des Kosmischen Menschen und somit den Aufstieg in das Goldenen Zeitalter zu kreieren. Ganz besonders meiner geliebten Frau Ava, die mit ihrem sanften aber unnachgiebigem Drängen und mit ihrer Bereitschaft, als Kanal zu dienen, sehr wesentlich zur Vollendung dieses Buches beigetragen hat. Mit dem Dank an sie und die geistige Welt, die durch ihre Durchsagen und ihre Liebe dieses Wissen in die dritte Dimension geleitet haben, möchte ich dich nun in die Schwingungsebene des Lichtes aus Atlantis begleiten.

HINWEIS

Die Ratschläge in diesem Buch ersetzen nicht die Betreuung durch einen Arzt, Heilpraktiker oder Psychotherapeuten, wenn Verdacht auf eine ernsthafte Gesundheitsstörung besteht.

Die Informationen dieses Buches sind nach bestem Wissen und Gewissen dargestellt.
Weder der Autor noch der Verlag können eine Haftung für Schäden irgendwelcher Art übernehmen, die direkt oder indirekt aus der Anwendung des Inhalts dieses Buches entstehen.

Inhalt

KIRIA DEVA SPRICHT durch Ava

Dieses ist Kiria Deva, und ich grüße dich im Lichte und in der Liebe des lichten Fokus von Atlantis. Erkenne, daß es von Wichtigkeit ist, daß meine Botschaft, unsere Botschaft und die Botschaft, die viele Lichtwesen zur Zeit auf diesem Erdenstern empfangen, hinausgeht um die Welt. Denn die Botschaft der Einheit ist es, die wir gemeinsam bringen, die wir hinausgeben in die Welt, und so werden sich diese Botschaften, dieses Wissen, verbinden und das Feld der Einheit wird Raum nehmen auf allen Ebenen des Bewußtseins auf diesem Erdenstern Gaia.

Gaia ist ein Juwel dieses Universums, Gaia ist ein Bewußtsein, das sein Licht und seine Liebe zur Verfügung gestellt hat, um Erfahrungen der Trennung zu kreieren. Deshalb gilt auch der Dank des atlantischen Bewußtseins dem Erdenstern Gaia für seine Liebe, für seine Mithilfe, und all unser Segen dringt ein in das Bewußtsein von Gaia. Erkennt, daß auch wir Kinder von Gaia sind, und daß ich als Transmitterkristalldeva geboren bin aus dem Bewußtsein von Gaia. Ich bitte, bezieht mit ein, daß Gaia ein Teil von uns ist, und daß wir ein Teil von Gaia sind, und deshalb auch Gaia ein Teil von Atlantis ist. Deshalb ist in Gaia auch viel von der Geschichte von Atlantis gespeichert, in den Steinen, im Sand und anderem, und viel von der Heilungskraft für Atlantis ist in Gaia gespeichert. Es ist wichtig, den Menschen mitzuteilen, daß Atlantis immer noch stattfindet in jedem einzelnen, der hier ist. Denn Atlantis ist auch das Bewußtsein, das bestrebt war, in die Dichte der Materie zu gehen, und auch bestrebt war, Materie zu erfahren, und dies ist in jedem von euch verankert. Erkennt, daß Atlantis jeden betrifft, der hier auf diesem Erdenstern lebt. Und daß Atlantis viele Sternenrassen und Sternenvölker betrifft, die ihr Wissen eingespeist haben oder die auch Wissen von Atlantis bekamen, denn es war ein Austausch.

Es ist wichtig, zu erkennen, daß Atlantis ein Bewußtsein und der lichte Fokus von Atlantis ein fünfdimensionales Bewußtsein ist. Erkennt die Zeichen erneut. Es ist wichtig, euch mit der Liebe zu verbinden, und diese Zeichen zu leben. Diese Zeichen sind die Energien der fünften Dimension, sind die Energie der Liebe, der Einheit, die einstrahlen auf euer Sein, die ausstrahlen aus eurem Sein, denn auch hier findet ein Austausch statt. Die fünfte Dimension senkt sich nicht nur von oben auf euch herab, sie ist auch in euch und strahlt aus euch heraus. Erkennt, daß es die Zeit des tätigen Tuns ist in Liebe, im Tun des Christus, der ihr alle seid.

Das Bewußtsein von Kiria Deva, das ich bin, ist ein Teil des Bewußtseins der atlantischen Einheit, ist ein Teil von euch, von jedem einzelnen. Ich bin gekommen, um hier die Aufgabe zu erfüllen, die damals, wenn es ein damals gibt, begonnen hat und jetzt vollendet werden soll, weil es im kosmischen Plan ist, daß dieses jetzt geschieht. Ich bin gekommen, um euch alle daran zu erinnern, daß ihr alle Teil des kosmischen Planes seid, daß es euch alle, uns alle, gemeinsam braucht, diesen zu leben, denn wir alle sind kos-

mischer Plan. Ich bin gekommen, um euch daran zu erinnern, daß Atlantis in euch ist, und deshalb Heilung in euch von Wichtigkeit ist. Daß der lichte Fokus von Atlantis in euch ist, genauso wie die Erfahrungen der Zerstörung in euch sind und es eure Entscheidung ist, wem ihr Kraft und Nahrung gebt. Und es eure Entscheidung ist, ob Atlantis lebt oder untergeht, immer wieder aufs neue dies eure Entscheidung ist.

Ich lade euch ein, nun bewußt mit mir durch dieses Buch zu gehen, um zu erkennen, zu erfahren und heil zu werden. Um euch gemeinsam zu entschließen, das zerstörte Atlantis neu zu errichten und euch durchdringen zu lassen vom Bewußtsein des heilen, lichten Fokus, damit dieser ausstrahlt und sich verbindet mit unseren Ebenen. Unsere Ebenen bezeichnet die Transmitterkristalldevas, bezeichnet den Rat der Weisen von Atlantis.

Wir als Transmitterkristalldevas sind Botschafter dieses Rats von Atlantis und laden euch ein, heil zu sein durch unsere Kraft, unser Licht, unsere Liebe und unser Bewußtsein. Auf daß der lichte Fokus von Atlantis in euch ist, über diesem Erdenstern ist und um ihn herum. Dann ist Einheit, dann ist Heilung. Erkennt, daß ich euch einlade, mit eurem Herzen zu lesen, um diese Einheit in euch zu sein, um dieser lichte Fokus von Atlantis zu sein. Laßt uns in Kommunikation gehen, laßt uns in Austausch gehen, laßt uns in der Liebe sein, miteinander und gemeinsam auf die Reise gehen, die dieses Buch ist. Möge die Liebe uns alle segnen, möge der lichte Fokus von Atlantis uns segnen und möge er neu erstrahlen in dem Bewußtsein der Einheit, das er ist. Dies ist Kiria Deva, seid gesegnet.

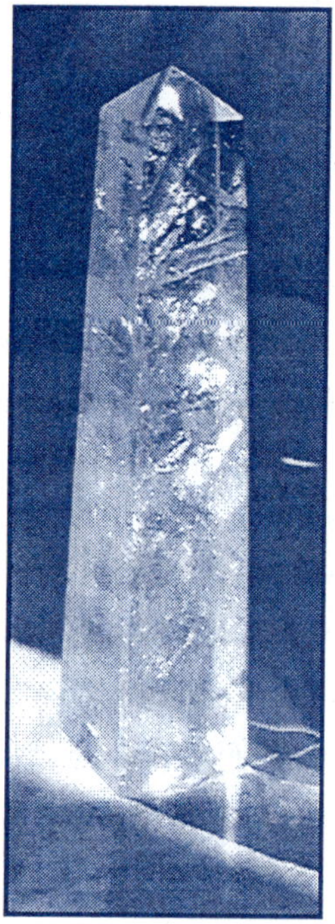

ICH LADE DICH EIN

mich zu begleiten auf eine Reise. Wenn es dir möglich ist, setze dich bequem hin, geh mit deiner Aufmerksamkeit zu deinem Atem und entspanne deinen physischen Körper. Atme hinein in die Stellen deines Seins, die verspannt sind, wo die Energien nicht im Fluß sind, und atme Befreiung und Leichtigkeit hinein. Geh dann mit deiner Aufmerksamkeit zu deinem Emotionalkörper und sieh nach, spüre nach, wo Ängste, Verspannungen oder ähnliches sitzen und atme sie aus deinem System einfach aus. Bringe dich auf die Ebene deines Mentalkörpers und laß Ruhe einkehren in der Welt deiner Gedanken. Setze sie, falls sich noch welche hier tummeln, auf den Fluß des Atems und entspanne auch so diese Ebene. Dann atme bitte noch auf die Ebene deines spirituellen Körpers und laß die Ruhe und das Vertrauen in den Fluß des Lebens auch hier Raum nehmen. Atme dich in dein Herzzentrum, stell es dir als goldene Kugel vor und sieh und spüre, daß all deine Körper um dieses Zentrum vereint und zentriert sind.

Nun laß zu, daß wir uns auf eine Reise begeben und spüre, wie du dich aus deinem physischen Körper löst und sanft hinausgezogen wirst über den Atlantik. In der Ferne erkennst du eine Inselgruppe, und sie zieht dich an, ganz besonders eine Insel mit einem großen Vulkan in der Mitte. Nimm wahr, wie eine kleine Plattform am Abhang dieser Insel dich einlädt zu landen, und du stehst nun vor diesem Berg und erblickst einen Eingang, der ins Innere führt. Ich lade dich ein, mich in diesen Gang zu begleiten; er ist mit einem sanften Licht erleuchtet, und der Hüter dieser Höhlen heißt uns willkommen. Nach einer kurzen Weile kommen wir zu einer Gabelung, und wir nehmen den Weg, der uns zu den Höhlen des Wissens führt. Nimm wahr, wie sich der Gang weitet und bitte den Hüter der Höhlen nun, dir den Platz unter einem Kristall zu zeigen, der jetzt für dich der beste, der stimmigste ist. Laß dich nieder und öffne dein System für die Schwingung dieser Höhle. Laß einfließen die Information, das Wissen, das du jetzt benötigst, um deinen weiteren Weg in Freude und Leichtigkeit gehen zu können. Laß diese Schwingung auf dich wirken, und sie wird dein System öffnen für die Informationen, für das Wissen dieses Buches, und deine Erinnerung an Kristalle, an Inkarnationen als Heiler und an den lichten Fokus von Atlantis, wird wieder erwachen und in dein Bewußtsein zurückkehren. Du kannst jetzt in dieser Energie, in dieser Schwingung, mit dem Lesen des Buches fortfahren und wenn du es beiseite legst, bedanke dich beim Hüter der Höhlen, verabschiede dich und komm auf deine Weise und in deinem Tempo wieder vollkommen in deinen physischen Körper zurück.

Diese Höhlen auf den Azoren sind Überreste unserer eigenen Vergangenheit, auch dreidimensional sind sie Reste des untergegangenen Atlantis, und sie wurden schon in atlantischen Zeiten zu Phasen des Neubeginns, auf welcher

Ebene auch immer, aufgesucht. Es gibt verschiedene Höhlen mit verschiedenen Schwerpunkten, je nachdem, ob es darum geht, atlantisches Heilwissen oder atlantisches Wissen allgemein zu erlangen, oder um eine bestimmte Arbeit mit Engelebenen, oder die Heilung am eigenen oder an fremden Systemen. Die Kammern der Heilung sind von Vorteil, wenn du alte Gewohnheiten, alte Programmierungen aus den Zellen herauslösen möchtest und neue Programme über die Kristalle, die in diesen Kammern sind, einspeisen willst.

Diese Höhlen sind wunderbar zur Vorbereitung auf einen neuen Lebensabschnitt, um das System darauf einzustimmen, daß dieser neue Schritt, und damit die Veränderung, ins Leben treten kann.

Meine erste Bekanntschaft mit diesen Inseln machte ich schon vor vielen Jahren durch Erzählungen und Berichte darüber, sie übten eine starke Anziehungskraft auf mich aus, ich wußte nicht wieso, und es ereignete sich damals auch nichts, was mich meinem Wunsch, sie zu besuchen, näher gebracht hätte. Kurz bevor sich Kiria Deva in unserem Zentrum meldete, bekam ich eine Empfehlung von der geistigen Welt, die Azoren zu besuchen und dort atlantisches Wissen über Kristalle, die ich finden würde, in mir wieder zu erwecken. Bisher war mir eine Reise in der dritten Dimension nicht möglich. So wurde mir diese Übung genannt, um mich mit den Kristallen und ihrem Wissen zu verbinden.

EINLEITENDE WORTE

Ich bin Antan, möchte mich kurz vorstellen und erzählen, wie ich Kiria Deva "kennenlernte". Von der geistigen Welt erhielt ich den Auftrag, das Wissen um die lichte Seite von Atlantis niederzuschreiben, um Erlösung und Durchlichtung in das morphogenetische Feld zu bringen, denn es lastet viel Schwere, Wertung, Schuld und Furcht auf dem Begriff Atlantis und damit auch auf unserer Mutter Erde und uns allen.

Mein Weg führte mich über das Studium der Botanik und der Tätigkeit als Gärtnermeister, über die Ausbildung zu einem Channel für die geistige Welt in einem abrupten Wechsel zur Leitung unseres Seminarhauses Lichtgarten in Innsbruck in Zusammenarbeit mit meiner geliebten Frau Ava.

Nach einer kurzen, aber intensiven Umbauzeit dieses Hauses freuten wir uns sehr, Michael und Trixa Gruber-Brecht als Leiter des ersten Seminars in unserem Zentrum begrüßen zu dürfen. Und dabei begann die Geschichte von Kiria Deva erneut, als der Kristalldeva mit der Stimme von Trixa mit eindringlichen und lauten Worten zu uns sprach:

Dies ist Kiria, und ich bin die Stimme des Transmitterkristalls der alten Zeit. Ich bin ein Kristalldeva, wenn ihr dieses so nennen wollt. Ich habe lange geschlummert, denn lange wurde ich nicht erkannt. Ich berge in mir das Wissen um das Ausheilen der gebrochenen und der mißbrauchten Kristalle, und ich nehme Raum in diesem Tempel des Lichtes. Wisset, ich stelle mich diesem Tempel zur Verfügung für einen Zeitraum von sieben Jahren. Jene unter euch, die mit Kristallen arbeiten und mit Kristallen heilen, werden aufgerufen, ihre Kristalle zum Zwecke der Heilung in den Nächten des Neumondes hier zu versammeln. Bitte verbindet den Transmitterkristall mit den hohen Ebenen von Cassiopaia und laßt das Lied der Kristalle erklingen, um die Ausrichtung in ihrer strukturellen Form wieder vorzunehmen, die mit dem zweiten Zusammenbruch von Atlantis zerstört wurde. Dieses werden dann Kristalle der Heilung sein, Kristalle, mit denen es nicht mehr möglich sein wird, Macht über andere auszuüben. Bitte ruft die Heiler der Kristalle in jenen Nächten zusammen und nutzt die heilende Kraft des lichten Atlantis, denn so, wie ihr unsere Heilwirkung wieder annehmt, so heilt auch das morphogenetische Bewußtsein von Atlantis. Dieses ist Kiria, und ich segne euch mit der Weisheit der Kristallwelten, die unter euch sind. Seid in lichtem Segen!

Das ist nun fast zwei Jahre her, und langsam ist der volle Umfang des Wissens, des Heilungspotentials und der Energie der Einheit von Kiria Deva zu erfassen, und ich freue mich, dieses nun mit dir zu teilen.

WER IST KIRIA DEVA

Wie bereits erwähnt, ist Kiria Deva eine Hüterin, eine Wesenheit, die Seele eines Transmitterkristalls. Wir Menschen treffen gerne Einteilungen und Zuordnungen, so kann man auch Kiria Deva dem Blauen (Kleinen) Volke zuordnen, ein Sammelbegriff für Wesenheiten, die wir als Zwerge, Gnome, Elfen, Feen, Salamander und andere kennen. Darauf werde ich später noch eingehen. Kiria Deva hat keine Geschlechtszuordnung, und so wundere dich bitte nicht, wenn ich *sie*, *er* und vielleicht manchmal auch *es* verwende.

Transmitterkristalle sind große, mächtige Kristalle, die in der Anfangs- und Blütezeit von Atlantis zur Kommunikation im weitesten Sinne, zur Speicherung von Wissen, zu Heilungszwecken, zur Energiegewinnung und -weiterleitung verwendet wurden.

Wie Kiria Deva uns mitteilte, wurde ihre Energie in der Endphase von Atlantis auch zur Trennung verwendet, zur Abspaltung von Körpern, und somit in einem wertenden Sinn Mißbrauch mit ihrer Kraft betrieben. Wertung liegt aber in unseren Mental- und Emotionalkörpern. Ein Kristalldeva, wie Kiria Deva, stellt einfach seine Energie und seine Speicherkapazität zur Verfügung und ist außerhalb der Wertung. Ähnlich wie Strom, der auch nicht fragt, ob er Gutes tut, wenn er eine Glühbirne erhellt oder uns Wärme zum Kochen schenkt, und sich auf der anderen Seite keine Vorwürfe macht, wenn er bei einem elektrischen

Stuhl die feinstofflichen Ebenen von der Hülle des physischen Körpers löst.

Bei der Zerstörung von Atlantis barsten diese Transmitterkristalle durch die Disharmonien im Klangteppich, den sie durch ein harmonisches Zusammenschwingen erzeugt hatten. Grobstofflich sind sie verschwunden, feinstofflich waren sie jedoch immer vorhanden, in einer Art Dämmerzustand, vergessen und versunken wie so vieles aus der Zeit von Atlantis. Durch die Schwingungserhöhung auf Gaia, die Erweiterung des Bewußtseins von so vielen Menschenwesen und ihre liebevolle Lichtarbeit wurde sozusagen der schlafende Deva erweckt, wurde er zurückgerufen und freut sich auf eine Zusammenarbeit mit uns allen.

Auch Kiria Deva vollzog eine Heilung in sich, die sie wie folgt erzählte: *Die Beschreibung des Vorgangs ist nicht nach linearer Zeitrechnung möglich, alles passierte sozusagen außerhalb der Zeit und schwingt so in einer anderen Dimension. Die Energie der Heilung nahm schon Raum, als die Energie von Kiria Deva zu Spaltungen benutzt wurde, denn Heilung ist in dem Teil beinhaltet, der in die Disharmonie führt. Heilungsschritte gingen auf verschiedenen Ebenen vonstatten. Durch die Anbindung an die lichten Schwingungsebenen in verschiedenen Dimensionen und den Restbeständen des lichten Fokus, der auf der Erde weiterbestand, wurde weiterhin lichte Energie zur Verfügung gestellt. Die Bewußtseinsentwicklung der Menschheit nahm eine eigene Entwicklung, und dies ist nicht voraussehbar gewesen. Je mehr wir Menschen die Schwingung erhöhten und unser Bewußtsein öffneten und erweiterten, desto leichter war auch Heilung für Kiria Deva möglich. Es kam sozusagen zu Heilungssprüngen. Aber der Prozeß ist noch nicht abgeschlossen. Heilungsprozesse im Namen von Kiria Deva sind Heilung auch für Kiria Deva.*

Der Austausch zwischen uns und Kiria Deva ist möglich, es geschieht dadurch eine Potenzierung und wir kommen gegenseitig in die Kraft und Selbstheilung. Es ist ein Ausdruck der Selbstheilungskraft, wenn wir mit Kiria Deva arbeiten. Dadurch wird keine Abhängigkeit von Kristallen geschaffen, sie sind ein Hilfsmittel, um in unser volles Potential zu gelangen, und dann nicht mehr notwendig. Heilung braucht oft Zeit in der dritten Dimension, die Organe müssen sich an die Energie der Replikation, der Erneuerung, gewöhnen. Diese Energien sind lange nicht genutzt worden, und durch die Arbeit mit Kiria Deva werden wir daran erinnert. Gleichzeitig kann Kiria Deva den eigenen Heilungsprozeß vollenden, dadurch kreieren wir unseren gemeinsamen Aufstieg. Durch die Verankerung des lichten Fokus von Atlantis erschaffen wir die Vorstufe, die Voraussetzung für die Verankerung der fünften Dimension. Wenn wir die fünfte Dimension erreicht haben, wird sich im Bewußtsein von Kiria Deva und aller daran Beteiligten etwas ändern. Es wird die Vollendung des Ausdrucks des Transmitterkristalldevas sein, und in der Folge wird Kiria Deva eine neue Bestimmung erhalten, wird neue Verbindungen der Energien knüpfen, zur weiteren Schwingungserhöhung und Vervollkommnung des Ganzen.

Weshalb meldete sich Kiria Deva gerade in unserem Zentrum?

Innsbruck war eine atlantische Zweigstelle mit einem Transmitterkristall, der zu einem Tempel der Aussendung gehörte. Hier waren die Atlanter in der Endphase damit beschäftigt, über die Trennung von allen möglichen und unmöglichen Energien zu erfahren, eben die Trennung bis ins kleinste zu beobachten, ähnlich der heutigen Wissenschaft, die alles als getrennt voneinander betrachtet und untersucht und bis in subatomare Bereiche diese Trennungsversuche durchführt. Die Erkenntnisse, daß der Versuchsleiter mit seiner Erwartung den Versuch beeinflußt und dadurch den Ausgang bestimmt, werden sehr oft mißachtet.

Die Vision unseres *Lichtgartens* ist es, ein Zentrum zu gründen, wo Heilung auf allen Ebenen Raum nimmt, wo wir Menschen begleiten, ihren einzigartigen Weg der Spiritualität zu erkennen und in Freude und Leichtigkeit zu beschreiten. Durch diese Intention und das Vertrauen in unseren eigenen spirituellen Weg wurde Kiria Deva unbewußt gerufen und erweckt und fügt sich jetzt wunderbar in unser Programm ein und ist so eine Ergänzung, eine Erweiterung unserer Arbeit.

Die Energie von Kiria Deva wirkt auf alle Ebenen unseres Systems ein und löst dadurch schmerzhafte Erfahrungen, welche die verschiedenen Ebenen unseres Seins als sich getrennt erfahren lassen. Sie erinnert uns an die Einheit unserer Körper, an die Einheit mit allem, was ist. Durch die Schwingung, welche die Kristalle in sich tragen, wird die Schwingung der einzelnen Körper und auch der einzelnen Zellen an die Wellenlänge erinnert, an den Ton der Harmonie mit allem, was ist. Resonanz ist sozusagen der Schlüssel der Übertragung dieser Energien.

Gerade in der jetzigen Phase der Entwicklung der Menschheit und des Planetenbewußtseins Gaia ist diese Schwingung der Einheit, des heilen Atlantis, sehr wichtig, denn Heilung, die Wiederherstellung der Schwingung ohne Trennung (der einheitlichen Schwingung von allem, was ist), ist Voraussetzung für das, was viele den *Aufstieg in die fünfte Dimension* nennen. In dieser Ebene des Bewußtseins ist Heilung, ist die Schwingung der Einheit, in jedem vorhanden, und die Vorbereitung dafür ist, alles Getrennte zu einen, die Verbindung zwischen allem, was ist, zu erkennen und zu leben. Und eine Möglichkeit unter vielen ist die Arbeit mit der Energie von Kiria Deva. Es gibt noch viele andere, und jeder ist dazu aufgerufen, seinen Weg der Heilung zu finden und zu beschreiten.

Wir bieten in unserem Zentrum einen Heilungszyklus zum Kristall-Lichtheiler an, um unseren Mitmenschen behilflich zu sein, sich selbst zu heilen, und sie anzuleiten, wie sie dieses Wissen und ihre Erfahrungen für andere Menschen, Tiere, Pflanzen, das Blaue Volk und Mutter Erde einsetzen können, um ihren Beitrag zur Erweckung des lichten Fokus von Atlantis, zur Heilung von allem, was ist, zu leisten. Die Informationen gehen über den Rahmen dieses Buches hinaus, und es findet sich genügend Raum zum Üben und Ausprobieren, zum Kennenlernen und Erfahren.

Kiria Deva erklärte uns, daß die sieben Jahre, in denen sie über unsere Lichtsäule Kristalle programmieren möchte, einen Zyklus beschreiben. In diesen Jahren werden wir atlantisches Bewußtsein in uns in die Einheit bringen und in das morphogenetische Feld einspeisen, damit am Ende dieser Zeit der Klangteppich von Atlantis dann im Bewußtsein des heilen Seins über dem Erdenstern Raum genommen hat. Nach diesen sieben Jahren wird der Samen des heilen Bewußtseins, der jetzt gesät wird, erblühen.

Die Kraft von Kiria Deva wird weiterhin in den Kristallen, die damit energetisiert wurden, wirken. Sie teilte uns auch mit, daß wir weiterhin mit den Kristallen, und zwar vor allen Dingen in Verbindung mit den fünfdimensionalen Farben, arbeiten werden. Doch der Schwerpunkt des Einsatzes der Kristalle wird sich verschieben, und zwar von den Menschen, Tieren und Pflanzen auf das Heilen und Verbinden von Erdlinien, so daß die zelluläre Struktur der Gesteine, die wir zum Beispiel Alpen nennen, über das Bewußtsein der bereits energetisierten Bergkristalle verändert und Wissen geöffnet wird, das in den Gebirgsketten verankert ist.

So wird nach diesen sieben Jahren ein neuer Schritt in der Evolution des Aufstieges in die fünfte Dimension gesetzt werden. Das heißt, daß die noch verbleibenden Jahre bis zur vollständigen Verankerung der fünfte Dimension auch eine andere Intensität der Einheit in uns mitbringen. In den sieben Jahren wird ein Bewußtsein der Einheit in jedem Körper, der auf der Erde ist, geschaffen und anschließend wird dieses bereits in einer Form lebbar sein, die jetzt initiiert wird.

Kiria Deva wird auch danach mit Menschen, die sich mit ihr verbunden fühlen, in Kommunikation sein, doch nicht mehr primär über die Energetisierung von Kristallen. Wenngleich sie nochmals betonte, daß die Kiria Deva Kristalle weiterhin auch genutzt werden können.

Die direkte Kommunikation zwischen Kiria Deva und den Menschen kann auch deshalb nach den sieben Jahren stattfinden, weil über die Verbreitung von Kiria Deva Kristallen, was immer noch Pionierarbeit ist, das Bewußtsein in den menschlichen Körpern geschult wird und Öffnung stattfinden kann. Das heißt, daß sich in diesen sieben Jahren unsere Körper zellulär so verändern, daß wir dann viele Hilfsmittel nicht mehr in dieser Form brauchen werden, sondern selbst zu Empfängern von Kiria Deva Schwingung werden und mehr von der Potenz dieser Schwingung aufnehmen und diese auch speichern können. Das ist aufgrund der globalen Schwingungsdichte zur Zeit noch nicht möglich, und deshalb leistet der Bergkristall wegen seiner Transparenz als Vermittler große Dienste.

Und Kiria Deva wünscht sich sehr, daß ihre Botschaft, ihre Schwingung, hinausgetragen wird in die Welt.

Da wir in der dritten Dimension inkarniert sind, wird

unsere Vorstellung der Wirklichkeit von den Bildern und Axiomen der Wissenschaft und auch der Religionen geprägt, die uns immer wieder neue Bilder als die einzige Wahrheit vorschreiben wollen. Ich erwähne nur die Scheibenform der Erde, die lange Zeit als das Erklärungsmodell für unsere Welt und das Sonnensystem galt. Die heutigen Bilder der Wissenschaft sind zwar viel subtiler und feiner ausgearbeitet, pressen uns aber immer noch in einen Rahmen, wo zum Beispiel Sternenwesen, die Kultur von Atlantis und geistige Fähigkeiten nur sehr beschränkt, wenn überhaupt, Platz finden. Um ein wenig Freiheit auch in die Systeme unserer Wirklichkeit, unserer Auffassung der Realität, zu bringen, verwendet die geistige Welt den Begriff der „Bühnen des Lebens“. Das bezieht sich auch auf unsere Sichtweise und unsere Arbeit mit Kiria Deva, die ein Weg unter vielen Wegen ist, die alle zum gleichen Ziel führen. Hier folgt nun die Beschreibung, wie sie durch den Kanal von Ava gegeben wurde.

DIE BÜHNEN DES LEBENS

Alles in diesem Universum ist eine Matrix, und dieses Universum besteht aus vielen Matrixen. Matrix in diesem Zusammenhang bedeutet Realität, bedeutet geschaffene Realität, geschaffene Illusion der Realität. Und doch sind Illusionen etwas Reales für denjenigen, der darin lebt. Eine Matrix ist eine Bühne. Eine Bühne existiert für die Menschen, die darauf spielen, sie existiert für die Menschen oder Wesenheiten, die in diesem Theater sitzen und sich dieses Schauspiel betrachten. Es gibt individuelle Bühnen und es gibt kollektive Bühnen. Erkennt, daß sich die Ebenen der Bühnen, die Realitäten, die Matrixen miteinander verbinden und verknüpfen, daß es immer auch so eine Art Türe gibt, wo du von einer Matrix in die andere wechseln kannst, von einer Realität in eine andere.

Das ist auch in der Theorie beschrieben, die ihr Paralleluniversen nennt. Es hängt immer vom Schauspieler und vom Zuschauer ab, welche Realität er als real empfindet, das heißt, auf welcher Bühne er steht oder in welchem Zuschauerraum er sitzt. Und alles, jede Bühne, ist somit auch möglich. Zum Beispiel gibt es die Bühne des atlantischen Mißbrauchs, eine Matrix; es gibt auch die Bühne des atlantischen Nichtmißbrauchs, es gibt die Verbindung zwischen diesen Bühnen, und je nachdem, in welchem Bereich du dich befindest, ist es deine Realität. Realitäten verschieben sich, indem du Bühnen wechselst. Um diese Bühnen aufrechtzuhalten, diese Illusionen oder Matrixen aufrechtzuer-

halten, habt ihr Hilfsmittel gewählt, zum Beispiel Kristallwesenheiten, die durch ihre Speicherkapazität die Möglichkeit bieten, die Illusion aufrechtzuhalten. Erkennt, daß Gesteine, die ihr Berge nennt, sehr viele Informationen in sich bergen, um diese Matrix aufrechtzuerhalten. Auch Sand und viele andere Elemente, die auf diesem Erdenstern sind, halten diese Matrix und bilden dadurch auch die Säulen des morphogenetischen Feldes.

Es ist wichtig, daß ihr euch in einem holistischen Betrachtungsfeld übt, daß ihr erkennt, daß ihr immer in einem Raum seid, der verbunden ist mit vielen anderen Räumen, und daß ihr beginnt, dieses zu erkennen und zu erfahren. Denn durch diesen holistischen Ansatz ist Veränderung möglich. Veränderung in eurer dreidimensionalen Realität ist deshalb so schleppend, weil ihr vergeßt, holistisch zu denken und nur sehr linear versucht, die Dinge zu ändern.

Bitte erkennt, daß dieses Bild der Bühnen ein Bild ist, das Freiheit bringen soll, Freiheit für jeden, der hier ist, – Freiheit, sich zu entscheiden, welche Bühne er betritt und welcher Bühne er zusieht. Es geht nicht darum, daß alle das gleiche Theater betrachten, auch der kosmische Mensch als Gesamtheit wird nicht in einem einzigen Theater sitzen. Denn dieses ist nicht das Ziel des Spiels, sondern es geht um die Freude der Vielfalt, um die Einheit in der Vielfalt. Das ist nur möglich, wenn Vielfalt ist, und das bedeutet, daß es viele Bühnen gibt, viele Theater. Deshalb ist es wichtig, dieses immer und immer wieder zu betonen, denn dies hilft euch, aus dem, was ihr Wertung nennt, herauszugehen. Denn Wertung ist eine Begrenzung eurer selbst. Wertung ist die Begrenzung auf eine Bühne, indem ihr euch selbst zwingt, nur auf einer einzigen Bühne zu stehen oder nur eine Bühne zu betrachten, und dieses ist Einschränkung. Deshalb ist es wichtig, euch immer wieder in der Sichtweise der Vielheit in der Einheit zu üben. Und so laßt uns eine neue Geschichte von Atlantis erzählen.

Seht und erkennt, daß alles, was ist, immer noch ist, und daß alles eine Illusion, eine Matrix, eine Bühne ist. Und dieses auch immer noch stattfindet. Solange Menschen an das Atlantis des Mißbrauches denken, daran glauben oder es fühlen, findet dieses statt. Wenn niemand daran denkt, wird es auch nicht mehr sein, es löst sich auf. Deshalb ist es auch wichtig, in eurer Arbeit den Fokus auf das Bewußtsein des lichten und heilen Atlantis zu richten. Erkennt, daß alles ein unendliches Spiel ist und daß ihr eure Vergangenheit kreiert, indem ihr immer wieder Energie hineingebt. Wenn ihr davon überzeugt seid, eine schlimme Kindheit gehabt zu haben, dann erlebt ihr sie immer wieder aufs neue, sie existiert immer noch. Wenn ihr diese Überzeugung ablegt, diese Erfahrung gehabt zu haben, hört diese Erfahrung auf zu existieren.

Wenn nun alle Menschen diese Überzeugung einer schrecklichen Kindheit aufgeben, existiert die Bühne der schrecklichen Kindheit nicht mehr. So ist es auch mit Atlantis und allen Geschichten, die es über Atlantis gibt. Alle Geschichten kreieren eine Bühne, und manche haben mehr und wieder andere haben weniger Zuseher, manche Stücke scheinen glaubwürdiger als andere zu sein, sie sind aber dadurch nicht realer, egal ob sie einen oder unzählige von Zuschauern haben. Wahrheit ist etwas sehr Relatives. Es ist von großer Wichtigkeit, daß ihr dieses erkennt! Alles ist ein Spiel von Energien, ein Spiel der Erschaffung von Bühnen. Und wenn ihr so möchtet, bedeutet der Aufstieg in die fünfte Dimension nur, daß einige Stücke nicht mehr gespielt werden und einige Theater aufhören zu existieren. Aus dieser Energie werden neue Bühnen geboren und neue Theaterstükke geschrieben.

Denn alles, was jetzt gesagt wird, sollte in die Freiheit führen und nicht in die Begrenzung, denn die Zeit der Begrenzung ist vorbei. Deshalb darf auch die Freiheit hineingebracht werden in alles Wissen, das aus dem Kosmos herunterkommt, das aus den Tiefen der Erde erwacht, das hier die Erdensternenkinder weitergeben.

Deshalb ist es wichtig, mit und in Atlantis die Leichtigkeit zu erkennen und in der Kreation des lichten Fokus von Atlantis dieses in Leichtigkeit zu tun und nicht in der Energie der Angst. Ohne Angst vor der eigenen Kraft, ohne Angst vor Manipulation, ohne Angst vor Verletzung, die vielleicht geschehen ist.

Nun lade ich euch ein, in diesem Lichte, in dieser Schwingung, in der Ausrichtung auf den lichten Fokus von Atlantis einen Blick auf die Entwicklung, auf die Geschichte, auf meine "Bühne" zu richten, und mir zu folgen in eine Zeit auf diesem Erdenstern, als vieles in die Manifestation kam.

ATLANTIS

Es wurde schon viel geschrieben über Atlantis. Es wurde schon viel nachgedacht, und es wurde schon viel spekuliert. Vieles mag der Wahrheit entsprechen, doch war der Blickwinkel meist von Angst und Untergang, von Schrecken und Mahnungen bestimmt. Ganz gewiß ist bei all diesen Überlegungen, ist bei all diesen Gedanken Wahrheit dabei. Atlantis ist nicht ohne Grund untergegangen, die Katastrophenmeldungen haben ihre Berechtigung und ihre Ursache, doch gab es auch einen lichten Anteil in jener altvorderen Zeit. Denn wo viel Schatten ist, muß es auch viel Licht geben, denn sonst kann kein Schatten geworfen werden.

Ich möchte nun ein neues Bild aufzeigen, einen neuen Blickwinkel einstellen, die Geschichte von Atlantis aus einer umfassenderen Perspektive erleuchten.

Wir alle entschlossen uns in voratlantischer Zeit und in der Zeit von Atlantis selbst, tiefer und tiefer in die Materie einzusteigen, die Dualität in all ihren Facetten zu erfahren, männliche und weibliche Körper zu erspüren und zu fühlen. Wir wollten wissen, wie es ist, wenn wir uns nicht mehr erinnern würden, wer wir eigentlich sind und woher wir gekommen waren. Und so war es im Sinne des Plans, war es unser aller Interesse, daß die Ereignisse diesen Lauf nahmen, daß Atlantis erblühte und unterging, auch wenn wir damals noch nicht wußten, wie das Spiel sich entwickeln würde und worauf wir uns einließen.

Da in der Geschichte von Atlantis die Energie der Trennung und der Zerstörung schwingt, ist auch das Potential der Heilung, der Einheit, in ihr. Und da nun die Zeit der Rückkehr nach Hause, der Erinnerung an unser wahres Sein gekommen ist, kann dieses über die Schwingung von Atlantis geschehen, und deshalb ist die Auferstehung des lichten heilen Fokus im morphogenetischen Feld von so großer Wichtigkeit.

Denn wir können davon ausgehen, daß fast jeder Mensch, der jetzt auf der Erde inkarniert ist, auch in der Zeit von Atlantis inkarniert war und die Energie der Trennung und damit auch die Sehnsucht und das Potential der Heilung in sich trägt. Auch damals schon wurde der Versuch unternommen, die fünfte Dimension herunterzuziehen, diese leuchtenden Farben zu verankern, doch wir tauchten tiefer in die Materie ein. Dieses Mal werden wir die fünfte Dimension gebären.

Nun möchte ich die Energie von Atlantis näher beschreiben und teile sie wegen der besseren Übersicht gerne in drei Phasen ein:

Die erste Phase möchte ich *Aufbau- oder Ankommensphase* nennen.

Unsere Welt bestand damals aus einem geschlossenen großen Kontinent mit gleichbleibendem milden Klima. In verschiedenen Regionen lebte eine große Zahl ätherisch strahlender Wesenheiten. Diese kamen von verschiedenen

Regionen des Kosmos und hatten einen regen Austausch mit Sternenfahrern, mit Sternenebenen, mit ihren Heimatplaneten und anderen Sternensystemen. Sie standen miteinander in liebevoller Kommunikation und waren voller Freude und Erwartung ihrer neuen gemeinsamen Kreation, die langsam immer greifbarer, manifester wurde. Es gab ein ständiges Kommen und Gehen, die ganze Atmosphäre, das Zusammenleben und Kreieren war noch sehr im Fließen und Werden. Es gab keine Grenzen, auch nicht nach außen zu den Ebenen des Kosmos. Der Ausdruck der verschiedenen Völker oder Rassen war in einer Schwingung des Ausprobierens, des Versuches, etwas Neues, Gemeinsames zur Heilung von allem, was ist, zu formen. Denn schon damals gab es in den unendlichen Weiten des Alls Kriege und Disharmonien, und die Erde als Bewußtsein stellte sich als Heilungsplanet, als Insel des Rückzugs, zur Verfügung. Die Schwingungsebene der zweiten Welt, die Phase von Hyperborea, war der erste Ansatz, und diese Phase von Atlantis war die Fortsetzung. Wenn ich versuche, die Stimmung zu beschreiben, würde ich sie als mentale Herzlichkeit bezeichnen, die alles verband, mischte und dadurch auch einte.

Die zweiten Phase schwingt in der Qualität einer goldenen Zeit. Es war die *heile Blütezeit der Einheit in der Vielfalt*. Es war die Zeit des Sammelns von Informationen über die Ausdrucksformen und Manifestationen, die auf der Erde Raum genommen hatten. Über das Zusammenspiel von Pflanzen, Tieren, Kristallen und den immer noch recht feinstofflichen Wesenheiten, die wir als Atlanter oder auch Lemurianer kennen. Klänge der Einheit, der Freude, der Kommunikation wurden über Kristalle weitergeleitet. Ein Klangteppich der Harmonie und des Einverstandenseins nährte alles und umschwebte alle Kreationen. Klänge wurden zur Heilung von allen Wesenheiten eingesetzt, und es war ein Leichtes, über die Schwingung des Klanges die Systeme wieder in Harmonie zu bringen. Mit Farbschwingungen wurde in ähnlicher Weise gearbeitet, und auch Kombinationen zwischen Klang- und Farbschwingung fanden in den Tempeln der Heilung ihre Anwendung. Harmonie herrschte mit allen Wesenheiten, und über den liebevollen Austausch wuchs und gedieh das gemeinsame Projekt Erde. Die Kommunikation mit Sternenfahrern war noch sehr rege, und so gelangten Informationen und Wissen weiter auf unseren Planeten und wurden in Kristalle eingespeist, die als vollkommenes Speichermedium fungierten. Eine Form dieser Kristalle sind die Kristallschädel, die bald schon ihr Wissen preisgeben werden. Auch wurden die Erfahrungen und das gesammelte Wissen in die verschiedenen Bibliotheken und Wissensspeicher in unserem Kosmos hinausgetragen.

Das Experiment, der Versuch, so wie die Tiere in einem festen physischen Körper auf dem Planeten zu sein, führte zu einer langsamen aber stetigen Verdichtung der Körper. Noch waren die Atlanter gezwungen, in einer Art Schutzatmosphäre zu leben. Daher auch die bei so vielen aus der Erinnerung hochsteigenden Bilder der lichten Kuppelstädte. Diese bildeten durch ein Kraftfeld einen Abschluß zur Außenwelt, sie erzeugten ein Energiefeld, das es den noch recht feinstofflichen Körpern ermöglichte, eine gewisse Dichte zu erzielen und sich so auf der Oberfläche zu bewegen. Diese Städte könnte man als Einstieg in die Materie bezeichnen. Die Versuche wurden fortgeführt, und die Ergebnisse waren immer greifbarer. Diese Zeitspanne war auch die Blüte der Technik.

Kristalle wurden zur Energieerzeugung genutzt, zur Kommunikation, zur Heilung, bei Operationen und zur Verbreitung des Klangteppichs. Alle Wesen waren in Harmonie mit ihrem göttlichen Sein, waren sich ihrer Schöpferkraft bewußt und setzten diese zum Wohle der Gemeinschaft der verschiedensten Wesenheiten und Energieebenen ein. Dieses Bewußtsein, diese Schwingungsphalanx des heilen Atlantis, hat nie aufgehört zu existieren, auch wenn die Geschichte weiterging und zu dem Ergebnis in letzter Folge führte, das wir heute leben. Die Ebene des heilen Atlantis, der Rat der Weisen von Atlantis, ist vor ihrem Untergang, vor der Infiltration durch die Kräfte des Nichtlichts in eine Ebene außerhalb unseres Raum- und Zeitgefüges, außerhalb der Dualität, aufgestiegen und dort verblieben. Es gibt Städte im feinstofflichen Bereich, die wir heute in Meditationen oder mit unserem Astralkörper besuchen können. Der Rat der Zwölf kann die Dimensionen wechseln, kann uns Wissen und Information, Hilfestellung und Erinnerung geben über das Tor der Dimensionen hinweg, wenn wir es wünschen und erlauben.

Verschiedene Kulturen, wie zum Beispiel die Mayas, hatten Zugang zu diesen Ebenen und kannten dadurch auch den Umgang mit dem Raum-Zeitgefüge und waren befähigt, dieses zu nutzen und aus unserer linearen Zeit, aus unserer Dimension, auszusteigen, was auch die Erklärung für das plötzliche Verschwinden dieser Kultur von der Erde ist.

Die dritte Phase ist am besten mit der *Zeit des Niedergangs* zu beschreiben. Eingeleitet wurde sie durch den steigenden Einfluß der schwarzen Herren von Orion, einer Welle des Nichtlichts, das unser Universum durchzieht. Diese Schwingung strahlte auch auf unseren Heimatplaneten ein und führte zu einer Energie von Arroganz und Hochmut. Die Wesen ignorierten ihre Verbindung zur Quelle allen Seins, zu Gott, und auch die Verbindung zum eigenen Hohen Selbst, das sozusagen der göttliche Funke in jedem einzelnen ist, wurde verleugnet. Die Wesen lebten ihre Göttlichkeit ohne Anbindung an den Ursprung, an die Liebe, und verfielen so in einen Stolz und in die Ausübung ihrer Schöpferkraft aus reiner Lust an der Manipulation. Mißbrauch und Machtübergriffe waren die Folge, Genmanipulation und Versuche an anderen Wesen ohne deren Zustimmung auf der jetzt schon ziemlich materiellen Ebene der Ausdruck in der Materie. Kreuzungen und Klonversuche, so wie wir es heute wieder miterleben, führten zu teilweise unförmigen und nicht lebensfähigen Geschöpfen.

Zu diesem Zeitpunkt fanden auch die Versuche mit dem Volk der Lemurianer statt, denn die Atlanter waren begeistert von den Gefühlen, vom fließenden Bewußtsein dieser Wesen und wollten auch diese Qualität in ihr Sein mit einbeziehen. Bei der Suche, wo diese sich denn befindet, ähnlich der Suche der Schulmedizin nach dem Sitz der Seele, fanden viele nicht sehr liebevolle Experimente statt, und die Erinnerung daran schwingt auch noch in vielen Menschen mit, sowohl von der Seite des Täters als auch von der Seite des Opfers. Und alles warf seine Schatten ins morphogenetische Feld, wo diese Erfahrungen und die damit verbundenen Ladungen immer noch sind und uns alle beeinflussen.

Zu dieser Zeit erlebte die Technik der Trennung ihren Höhepunkt, und die Krönung dieses Prozesses war wohl die Trennung der Wesenheiten in Mann und Frau und damit die eigentliche Erschaffung des Menschen so, wie wir uns heute kennen. Es fand dabei aber auch die Verschmelzung, die Kreuzung von Atlantern und Lemurianern statt und damit eine Verbindung sehr unterschiedlicher Qualitäten von Feldern – dem Mentalfeld der Atlanter und dem Feld der Emotionen, das die vorherrschende Qualität der Lemurianer war. Und so tragen wir alle beide Welten in uns, sind Erben und Kinder von Lemurianern und Atlantern. Keiner kann sagen: „Ich war das Opfer und wurde von denen .....“, oder „ich schäme mich so, weil ich anderen Wesen dieses und jenes angetan habe“.

Wir haben beide Anteile in uns, jeder ist Opfer und Täter gewesen – damals und noch unzählige Male danach, und es ist die Reaktion eines kleinen trotzigen Kindes, das da sagt: „Ich gehe nie mehr in meine Kraft und Ermächtigung“; oder: „Ich bleibe im Leid meiner Verletzung für alle Zeit“; oder: „Ich ziehe die Schleier des Vergessens, was war und wer ich wirklich bin, vor alles“. Egal welchen Ausdruck wir wählen, Heilung des Inneren Kindes (das Teil des Emotionalfeldes ist), Heilung des morphogenetischen Feldes, und somit auch Heilung für unsere Erde – all das ruft nach tätigem Tun.

Durch die Disharmonie in den einzelnen Wesen und ihren Schöpfungen veränderten sich der Klangteppich und das Zusammenleben in Harmonie mit allen Schwingungsebenen. Dies führte zu Konflikt und Krieg, zum Bersten des Klangteppichs und damit zur Zerstörung der Transmitterkristalle. Die Erde wurde aus ihrer geraden Achse gestoßen, Atlantis barst in mehrere Teile. Vulkanausbrüche und Sintfluten sind allen Kulturen bekannt und in allen unseren Emotionalkörpern gespeichert. Und auch diese Erfahrungen, diese Erinnerungen, gilt es zu heilen, diese Lasten von Leid, Schmerz, Trauer, Ohnmacht, Zerstörung und Trennung und der Schuld, die wir scheinbar auf uns geladen haben.

Gemeinsam mit Mutter Erde haben wir den Aufstieg, den Wechsel in die fünfte Dimension, beschlossen, und Heilung auf allen Ebenen ist eine Vorbedingung für dieses Vorhaben.

Die Atlanter und ihr Wissen verbreiteten sich als Samen auf der Erde, und in den Hochkulturen der Geschichte, die uns bekannt sind, finden wir einen Teil des Wissens und der Technologien präsent. Als Beispiele dafür möchte ich die Kultur im alten Ägypten, die Weisheitsschulen im Himalaja, das Wissen des essenitischen Volkes, die Kultur der Mayas und die Mysterienschulen von Avalon nennen, und diese Liste erhebt keinen Anspruch auf Vollständigkeit. Und so lebte und lebt Atlantis auch in der dritten Dimension weiter, wenn auch nur in Bruchstücken. Doch waren die Inspirationen ausschlaggebend und damit der Samen für viele Kulturen. Ein Überrest, der als Symbol der Kraftlenkung des alten Atlantis in der dritten Dimension gilt, sind die Linien von Nasca in der Küstenregion des heutigen Perus. Auch die Inselgruppe der Azoren sind dreidimensionale Überreste, genauso wie die Entdeckungen auf dem Meeresboden in der Nähe von Bimini im Bermudadreieck, die aber ignoriert und verschwiegen werden, da sie sich in das heutige Bild der Archäologie und der Menschheitsentwicklung nicht einfügen lassen.

Dieses Wissen von Atlantis, den verschiedenen Phasen und den wissenschaftlichen Versuchen und Errungenschaften ist außer im morphogenetischen Feld und in den Emotionalkörpern auch in ganzen Gebirgszügen und Kristallen gespeichert. Auch hier sind es vor allem die Bergkristalle, welche die Hauptrolle spielen. Und Quarz ist eben einer der Grundbaustoffe der Erdkruste, der Gebirge und Landmassen, und so tragen auch die Gebirge diese Informationen in sich. Auch der Larimar, der als Stein von Atlantis bezeichnet wird, hat viel von dieser Schwingung, viel von diesem Verständnis in sich.

In meiner Arbeit verwende ich sehr gerne die Energie von Bergkristallen, und so möchte ich hier einiges über das Wesen dieser Mineralien erzählen.

KRISTALLE

Bergkristall ist chemisch betrachtet eine Verbindung aus einem Teil Silizium und zwei Teilen Sauerstoff. Dieses Silizium ist dem Kohlenstoff, den wir als Grundbaustoff für jedes Leben ansehen, sehr ähnlich, und es wurden auch schon Lebensformen auf der Erde gefunden, deren Grundbaustoff eben dieses Silizium ist und die ohne Kohlenstoff auskommen, und auch dieses war für unseren Verstand bis vor kurzem unvorstellbar. Neben dieser Ähnlichkeit zu unserem physischen Lebensspender Kohlenstoff ist Quarz unter anderem ein wunderbarer Speicher, den die Erde uns zur Verfügung stellt. Deshalb wird er auch in der Computertechnik, der Zeitmessung und vielen anderen Bereichen der modernen Technik eingesetzt. Bergkristall hat auch die Eigenschaft, sich ein Programm, eine Aufgabe sozusagen, zu suchen, wenn er in sich keine klare Aufgabe hat. Er nimmt die Schwingung aus der Umgebung, der er am häufigsten oder am massivsten ausgesetzt ist, auf und macht daraus sozusagen ein Programm. Kristalle werten nicht, und so können diese Programme auch durchaus dann eine Schwingung freisetzen, die nach menschlicher Vorstellung oder Wertung nicht sehr liebevoll und harmonisch ist. Wenn einer dieser Speichermedien zum Beispiel auf oder vor dem Fernsehgerät steht und laufend der Energie von Kriegsberichten und Gruselfilmen ausgesetzt ist, nimmt er diese Schwingungsqualität in sich auf und strahlt sie, ohne Wertung, wieder ab. Auch intensive Auseinandersetzungen der "Besitzer", egal ob diese harmonisch sind oder nicht, können ihren energetischen Abdruck in einem Bergkristall hinterlassen und so fortwährend diese Energie im Raum verteilen.

Verletzungen der Kristalle, die durch den Abbau hervorgerufen wurden, Verletzungen der emotionalen Ebene, die den Kristalldevas entspricht, der mentalen Konstrukte oder Programme, die ihnen gegeben oder Verletzungen, die durch Transport, Handel, den Schliff oder anderes zugefügt wurden, sind weitere Möglichkeiten, durch die die Grundschwingung eines Bergkristalls – die reine Festplatte, um diesen Begriff aus der Computertechnik zu verwenden – geprägt sein kann.

Deshalb ist es wichtig, Kristalle, und hier nicht nur Bergkristalle, von Zeit zu Zeit zu reinigen, und empfehlenswert, sie mit einem harmonischen und liebevollen Programm zu versehen, um neben der wohltuenden optischen Erscheinung auch die Schwingung, die Information von Wohlbefinden, Heilung oder einfach bedingungsloser Liebe, dem Raum und den darin sich befindenden Wesen zukommen zu lassen.

Zum Thema Reinigung gibt es verschiedene Meinungen und Vorgangsweisen. Wir geben unsere Steine entweder unter fließendes Wasser mit dem klaren Auftrag, der Bitte, daß sämtliche Programme aus ihnen entfernt werden, oder wir legen die Steine in ein Bett aus Hämatit, das wir von Zeit zu Zeit erneuern.

Eine weitere Methode der Reinigung ist die folgende: Ich verbinde mich mit meinem Hohen Selbst und lade Serapis Bey, den Meister des weißen Strahls, ein und bitte ihn, gemeinsam mit der Energie meines Hohen Selbst über mein Herz und meine Hände durch den Stein zu fließen und sämtliche Disharmonien herauszuklären. Wenn ich wahrnehme, daß der Kristall gereinigt ist, bedanke ich mich bei den Kräften und entlasse sie wieder aus meinem System.

Im Anschluß an eine dieser Reinigungsmethoden kann ein Programm eingegeben werden. Ein Beispiel: Wenn ich noch nicht genau weiß, wozu ein Kristall zu mir gekommen oder was seine Vorliebe oder Aufgabe ist, verbinde ich mich mit meinem Hohen Selbst und bitte die bedingungslose Liebe und das Licht meines Hohen Selbst, durch mich in diesen Kristall zu fließen, damit dieser Speicherplatz mit einer Energie, die für alle angenehm ist, belegt wird.

Auch die Kristalle, die mit der Energie von Kiria Deva aufgeladen werden, werden zuerst von mir gereinigt, um alten Ballast, Verletzungen oder Disharmonien aus ihnen zu lösen.

KIRIA DEVA KRISTALLE

Auch bei der Energetisierung der Steine mit Kiria Deva Schwingung bevorzuge ich Bergkristalle, denn diese sind die einzigen Kristalle, die den vollen Umfang der Schwingung, das volle Potential von Kiria Deva, in sich aufnehmen können. Andere sind nur in der Lage, Teilaspekte in sich zu speichern und deswegen auch nur bedingt geeignet. Kristalle, die sich bereit erklärt haben, die Energie von Kiria Deva in sich aufzunehmen, werden gereinigt und so auf die Energetisierung vorbereitet. Kiria Deva Kristalle werden nicht über einen Kanal, das heißt über die Energielenkung eines Menschen, programmiert, sondern in der Lichtsäule unseres Zentrums. Nach Rücksprache mit der geistigen Welt gibt es keinen so klaren und unvoreingenommenen Kanal, um das volle Potential, den vollen Umfang der Schwingung von Kiria Deva in einem Kristall programmieren zu können.

Als Voraussetzung für die Energetisierung ist außerdem eine Vorbereitung des Speichermediums vonnöten. Die Solare Bruderschaft, Helios, Soltec, Lenduce und andere ermöglichen eine Schwingungserhöhung der Kristalle, um die Schwingung von Kiria Deva erfassen und halten zu können. Die dreidimensionale Schwingung der Kristalle wird sozusagen in einen angemessenen Speicher umgewandelt. Dies alles geschieht in den Nächten des Neumondes in der Lichtsäule unseres Seminarraums. Die Kristalle werden dabei so "voll", das Programm ist so "dicht", daß nichts anderes mehr Raum nehmen kann, kein anderes Programm kann nachträglich in den Kristall gelangen. Dies hat den wunderbaren Vorteil, daß Kiria Deva Kristalle nicht mehr gereinigt werden müssen, was vor allem bei Kristallen regelmäßig geschehen sollte, die zu Heilzwecken verwendet werden, um nicht einem nachfolgenden Klienten die Schwingung der Disharmonie des Vorhergehenden zu übermitteln. Denn auch wenn mit einer Kristallspitze Energie aus einem System geleitet wird, fließt doch Energie in beide Richtungen, und damit auch die Energie der Disharmonie des Vorgängers, wenn sie nicht vorher aus dem Speicher des Kristalls sorgfältig entfernt wurde.

Wie bei jeder Regel gibt es auch hier eine Ausnahme, und das sind die Schwingungen der fünfdimensionalen Farben, die wiederum die Energetisierung mit Kiria Deva als Grundvoraussetzung haben, um in einem Kristall verankert werden zu können. Darauf und auf andere Erweiterungen der reinen Kiria Deva Kristalle komme ich später noch zu sprechen.

Die Schwingung von Kiria Deva kann nicht mehr aus dem Kristall gelöscht werden, und deshalb ist es wichtig, bevor die Energetisierung geschieht, daß das Wesen des Steines gefragt wird, ob dieses in seinem Sinne ist. Kristalle können bestimmte Aufträge und Programme in sich tragen, wie zum Beispiel die Verbindung zu einer gewissen Sternenebene zu halten oder als Wissensspeicher zu fungieren. Sie können auch in sich eine eigene Wesenheit, einen Deva, beherbergen, der einen speziellen Heilungsauftrag für eine bestimmte Landschaft hat.

Kristalle, die im *Lichtgarten* mit der Energie von Kiria Deva energetisiert wurden, stehen in Verbindung mit der Lichtsäule in unserem Zentrum, und damit auch mit der Energie von Serapis Bey und dem Tempel der Klarheit über Luxor in Ägypten.

Außer den Bergkristallen verwenden wir auch noch gerne grüne Turmaline, um sie mit der Energie von Kiria Deva aufzuladen. Diese eignen sich besonders gut zur Öffnung und Heilung des Herzzentrums, was auf eine sehr liebevolle und leichte Art und Weise geschieht.

Ebenso energetisieren wir Rubine, die beim Legesystem zur Verbindung mit Mutter Erde, zur Verbesserung und Stabilisierung angewendet werden. Davon erzähle ich noch im Kapitel über die Legesysteme. Doch bevor wir einen Blick auf einzelne Techniken und Systeme werfen, noch ein paar Gedanken zu allgemeinen Grundlagen und Voraussetzungen der Heilung.

HEILUNG ALLGEMEIN

Wie die geistige Welt und Kiria Deva immer wieder betonen, ist es eine Frage des Bewußtseins, ob Heilung geschieht. Die Ausrichtung des Behandelnden und des Klienten bestimmt, auf welcher der Körperebenen gearbeitet wird. Die Dauer und Häufigkeit der Behandlungen sind je nach Thematik und Bereitschaft des Anwenders zur Veränderung, zum Loslassen, zur Heilung, individuell verschieden.

Dabei geschieht nichts gegen das Einverständnis des Behandelten. Es kann sein, daß er noch "Vorteile" oder Lernerfahrungen in seiner Krankheit oder in seiner Disharmonie sieht und sie dadurch noch nicht loslassen kann, und das kann auf einer sehr tiefen und unbewußten Ebene sein. Die Frage über die Wirkungsweise von Kiria Deva Energie im Zusammenhang mit der Einstellung des Therapeuten erklärte diese folgendermaßen:

Das Bewußtsein des Behandelnden ist wichtig, um die Veränderungen wahrzunehmen. Heilung ist ein Prozeß und geschieht auf verschiedenen Ebenen, Heilung ist ein Ausdruck des kosmischen Bewußtsein, das einen anderen Ausdruck haben kann, als unsere persönliche Vorstellung von Heilung ist. Zum jetzigen Zeitpunkt wurden und werden globale Prozesse (der Heilung) in Gang gesetzt, das heißt, daß der Schwingungsteppich des heilen Atlantis einfließt in jedes Bewußtsein, das inkarniert ist. Die Geburt des kosmi-

schen Menschen, die Öffnung der DNS, fließt auch ein in jedes Wesen, das derzeit auf dieser Erde ist. Doch hängt es vom Bewußtsein des einzelnen Wesens ab, inwieweit es dieses annehmen kann. Denn egal welchen Namen wir diesem Prozeß geben – Geburt des kosmischen Menschen, Schwingung des heilen, lichten Atlantis oder Aufstieg in die fünfte Dimension - es ist unser Geburtsrecht, und es ist ein Zustand, der bereits existiert.

Und nun geht es darum, daß sich Dimensionen verbinden, damit dieser Zustand auch hindurchsickern kann bis in den Ausdruck der dritten Dimension und wir ihn hier leben können. Nicht weil wir ihn uns erarbeiten müssen, nicht weil wir etwas leisten müssen, um das zu erlernen, sondern über die Kraft des Annehmens, daß dieses so ist, werden sich die Bewußtseinsebenen miteinander verbinden. Die Kraft des Annehmens wird genährt durch das bewußte Sein, das Bewußtsein des Menschen, der behandelt wird. Das bewußte Sein hat nichts mit der Qualität des mentalen Erfassens zu tun, sondern ist die Fähigkeit, das Herz zu öffnen, um über das Herz begreifen zu können. Alle Hilfsmittel, die wir einsetzen, helfen uns letztendlich in der Kraft des Annehmens.

So könnten wir sagen, daß es hier zwei Ansätze gibt: Was die persönliche, dreidimensionale Ebene betrifft, ist die Einstellung des Behandelnden wichtig. Was das kosmische Verständnis betrifft, ist es nicht wichtig, denn wie gesagt, der kosmische Mensch wird geboren, der Schwingungsteppich des heilen, lichten Atlantis nimmt Raum um diesen Erdenstern, unabhängig von der Überzeugung des Behandelnden.

Warum die Einstellung und der Austausch zwischen dem behandelten Menschen und dem Therapeuten, warum der Austausch zwischen den Menschen und der geistigen Welt dennoch wichtig ist, beschreibt Kiria Deva damit, daß es dadurch zu einer Verschmelzung der Dimensionen und so zu einer Überlappung des kosmischen Prinzips mit dem persönlichen Prinzip kommt. Daraus entsteht Einheit, für jeden persönlich als auch für alle Menschen, für alle Wesen, die hier sind. Das bedeutet: alle Menschen haben dann die DNS geöffnet und sind kosmischer Mensch. Das ist für den einzelnen spürbar, ist aber auch im globalen Zusammenhang als Schwingungsteppich über die Prägung des morphogenetischen Feldes für alle Wesen sichtbar.

Dazu noch eine Anregung, wie wir leichter annehmen können.

Die Verbindung zu unserem Hohen Selbst erleichtert uns dieses. Über die Übung, indem das Hohe Selbst uns durchdringt, erleben wir mehr und mehr, daß wir mit jeder Faser unseres Seins, mit jeder Zelle, mit jedem Körper, mit jedem Chakra Hohes Selbst, göttliches Sein, sind. In diesem Bewußtsein können wir annehmen, indem wir zum Beispiel Energien in unser Herz nehmen und als Teil unserer selbst erkennen.

Kristalle können uns dabei helfen, denn wenn wir eins sind mit unserem Hohen Selbst, haben wir die Qualität eines Kristalls, haben wir die Klarheit, haben wir das Potential aller Farben, die wir sind. Bergkristalle sind mit dem weißen Strahl verbunden und haben deshalb alle Farben in sich, denn im weißen Licht ist der Regenbogen enthalten. In manchen Kristallen können wir diesen Regenbogen dreidimensional erkennen, doch auch wenn er nicht sichtbar ist, ist die Fülle aller Farben enthalten. Gleichzeitig verbinden sich aber alle diese Farben zu der Kraft des weißen Lichts, und das ist der Ausdruck des Hohen Selbst, wenn wir dieses in Farbe übersetzen, denn auch unser Hohes Selbst ist die Fülle von Möglichkeiten, die Fülle aller Farben, die sich vereinen.

Und ein Kiria Deva Kristall im Speziellen läßt zusätzlich noch die Energie der Heilung einfließen, indem Energien zusammengeführt werden, die in der Trennung sind. Deshalb sind diese Kristalle ein Hilfsmittel, um das Bewußtsein der Einheit auf allen Ebenen zu sein.

Hier wird auch angeraten, mit den Formen der Kristalle zu spielen. Kiria Deva empfiehlt einen Obelisken, der Standfestigkeit und Öffnung für das Wissen des Kosmos repräsentiert, einen Doppelender als Ausdruck des zielgerichteten freien Flusses und der Verbundenheit von Himmel und Erde, oder Handschmeichler oder eine Kugel als Sinnbild des Fließens, des Öffnens und Weitens zu wählen. Denn die Wahl der Form ist ein Spiegel unseres Selbst, und wir können dabei erkennen, wie wir uns selbst sehen.

Wie schon weiter oben erwähnt, ist das System mit den vier Körpern ein willkürliches, wie jedes andere. Im Grunde geht es darum, auch die Trennung zwischen den Körpern aufzuheben und so in der Gesamtheit unseres Seins Einheit herzustellen. Dazu ist es hilfreich, die einzelnen Körper kennenzulernen und auf der jeweiligen Ebene, wo noch eine Blockade liegt, zu arbeiten, auszugleichen, zu harmonisieren. Dabei geht es aber nicht darum, Erfahrungen zu löschen, sondern Ziel ist es, die Ladung aus einem Erlebnis, die Identifikation damit und somit auch die Blockade der Energien zu lösen.

Eine Form von Blockaden auf physischer Ebene sind Verspannungen, und zu diesem Thema sagte uns die geistige Welt folgendes:

Verspannungen treten deshalb auf, weil ihr glaubt, daß physisches Gewebe feste Substanz ist. Wenn ihr erlaubt, euch mehr auf das Bewußtsein einzustellen, daß Bewußtsein bewußtes Sein ist, physisches Sein Schwingung, Vibration, Leichtigkeit, Luft unter Anführungszeichen, dann wird es nicht mehr möglich sein, verspannt zu sein. Dein physisches System ist wie ein Sieb, ein durchlässiges Lichtgitter. Wenn du dir dessen bewußt bist, bist du immer angebunden an die Liebe. Es ist durchlässig, es versorgt dich und verbindet dich mit Allem-was-ist. Wenn du das vergißt, kann es passieren, daß es zu Stauungen, Verkalkungen, Verklumpungen kommt, und dieses Gitter sozusagen nicht mehr durchlässig ist, sondern ein Klumpen auf diesem Gitter sitzt. Dieser Klumpen entsteht durch die Illusion der Trennung, die Überzeugung, daß Materie träge ist, dicht ist, undurchlässig ist und vieles mehr. Jetzt geht es darum, daß du diesen Klumpen wieder in die Leichtigkeit bringst, in das Bewußtsein, daß auch Materie durchlässig ist für Licht und Energie. Dadurch wird das Lichtgitternetz deines physischen Seins wieder sichtbar. Das Bewußtsein, was du bist – Licht – wird auf allen Ebenen sichtbar. Die Illusion der Trennung löst sich auf. Deshalb löst sich auch die Disharmonie, der Klumpen, auf, wenn du dir bewußt bist, das Lichtgitter zu sein. Lichtgitter ist hier ein Ausdruck für Vibration, für Schwingung, für göttliches Bewußtsein, Verbindung und Austausch mit allem was ist, für Sein, Alles-was-ist.

Wenn du dir also dessen bewußt bist, wirst du keine Klumpen mehr kreieren. Klumpen kreierst du nur in der Illusion der Trennung.

Und diese Illusion der Trennung in unserem eigenen System, zwischen den Ebenen unseres Körpers, gilt es zu lösen. Dann wird sich auch die Illusion der Trennung zu unseren Mitmenschen und damit zu Allem-was-ist lösen. Die Heilung, um die es Kiria Deva vor allem geht, ist eine Heilung des Bewußtseins und nicht so sehr eine Frage der Ebene oder der Technik, die wir anwenden.

Bei der Annahme von Heilung ist es wichtig, sich folgende Fragen zu stellen: Will ich geheilt werden? Was heißt für mich Heilung?

Es ist wunderbar, mit Medikamenten zu arbeiten, mit Geistheilung, mit Kristallen, Tachyonen, Farben und Klängen ... – aber es hängt nicht vom Hilfsmittel oder vom Material ab, alles kann zum Erfolg führen, wenn der Mensch bereit ist, Heilung anzunehmen.

Und bitte, immer wieder wird Heilung sehr beengt und auf den physischen Körper beschränkt verstanden. Heilung kann sein, ein direktes Symptom in einem Körper oder in einem feinstofflichen Körper aufzulösen und wieder in göttliche Schwingung zu versetzen. Heilung kann aber auch sein, einen bestimmten Erkenntnisprozeß in Gang zu setzen. Ebenso kann Heilung bedeuten, die Kommunikationsebenen innerhalb eines Menschen, zwischen verschiedenen Menschen und Gruppen oder Orten wieder in Gang zu setzen.

Es ist wichtig, die Menschen zu ihrer Eigenverantwortung, zu ihrer Kraft, zu ihrer Selbstheilungskraft hinzuführen. Heilung geschieht zuerst in unseren Gedanken, dann in unseren Emotionalfeldern und schließlich in unseren physischen Körpern. Genauso, wie sich eine Krankheit zuerst in feinstofflichen Ebenen kreiert, beginnt auch Heilung im feinstofflichen Bereich, und es dauert manchmal noch einige Zeit, bis diese auf der Körperebene sichtbar wird.

LEGESYSTEME ZUR HARMONISIERUNG UND HEILUNG

Kiria Deva hat sich also unserem Zentrum zur Verfügung gestellt, um Heilungsschritte zu ermöglichen, um einen leichten und liebevollen Weg in die Einheit zu gehen.

Mit diesen Kristallen können Energien geleitet werden, blockierende, hemmende oder beklemmende Energien aus einem System und die geläuterten, durchlichteten Formen dann wieder ins System zurück, um keinen Mangel entstehen zu lassen. Wir arbeiten mit dem Vierkörpersystem, das auf der einen Seite übersichtlich und anschaulich ist, und auf der anderen Seite doch eine Klarheit und einen guten Überblick über die Zusammenhänge und das Zusammenspiel der verschiedenen Ebenen eines Menschen bringt. Jedes System ist willkürlich, und so folgen wir einem Leitspruch aus der Huna Lehre (von den Schamanen von Hawaii): „Nimm das, was nützt."

Auch wenn du einem anderen System des Körperaufbaus folgst und vertraust, so gilt doch das nachstehende genauso. Für die Heilungsarbeit mit Kiria Deva ist es egal, auf welcher Ebene sich blockierende Energien befinden. Sie lassen sich aus dem physischen Körper, aus dem emotionalen, aus dem mentalen und aus dem spirituellen Körper ausleiten und in geklärter und harmonisierter Form wieder zurückgeben.

Die neuen Methoden der Heilung sind sehr einfach, es bedarf keiner komplizierten Techniken oder Systeme mehr, und dennoch sind sie sehr effizient.

Kiria Deva hat uns dazu einige Legesysteme genannt, die aber kein starres System darstellen, sondern je nach Person und Thematik abgewandelt und intuitiv anzuwenden sind. Alle Anregungen für ein praktisches Tun mit Kiria Deva Kristallen habe ich in der Folge in kursiver Schrift geschrieben.

Jede Kristallspitze hat eine Spitze und ein gebrochenes oder geschliffenes Ende. Das Ende mit der Spitze gibt die Richtung der Energieleitung an. Wenn ich eine Energie aus einem Körper ziehen möchte, stelle ich sozusagen den Kristall auf die betreffende Stelle und die Spitze weist vom Körper weg. Umgedreht, mit der Spitze zum Körper gerichtet, wird gezielt in das System des behandelten Menschen Energie eingeflutet. Auch das ist nur eine Richtlinie und Hilfe für unseren Mentalkörper und Emotionalkörper, denn Energien fließen immer in beide Richtungen. Bei einem Doppelender ist dies schon rein äußerlich deutlich zu erkennen.

Alle folgenden Beschreibungen und Erfahrungen beziehen sich auf die Kraft von Kiria Deva Kristallen. Die Legesysteme können auch mit normalen Bergkristallen gemacht werden, allerdings mit einigen Unterschieden: Der erste Unterschied besteht in der Programmierung und der somit erhöhten Schwingung der Heilung und der Einheit, die in den Kiria Deva Kristallen verankert ist. Der zweite ist die

Notwendigkeit zur Reinigung bei normalen Kristallen, die alle Energien von Harmonie bis zu Disharmonie in sich aufnehmen und dann wieder abgeben können. So sind Achtsamkeit und ein sorgfältiger Umgang mit Fremdenergien in Kristallen geboten. Auch wenn sie mit Heilungsschwingung programmiert sind, ist meist immer noch Kapazität für andere Energien vorhanden!

Die Kiria Deva Kristalle sind automatisch mit unserer Lichtsäule, über die sie auch energetisiert werden, verbunden. Das heißt, wenn ich etwas ausleite, muß ich mir nicht überlegen, wohin ich dieses lenke, sondern, wie bei einem Staubsauger, werden diese Energien sofort entsorgt und transformiert. Wenn ich etwas mit einer Kiria Deva Spitze in ein System lenke, dann kommen die Energien, die über die Lichtsäule mit der Weißen und Solaren Bruderschaft, mit dem Tempel von Luxor, den Engelebenen und Sternenebenen verbunden sind, über diese wieder herein.

Das bedeutet, wenn ich nicht mit Kiria Deva Kristallen arbeite, sollte ich mir vorher überlegen, wohin ich die Energien leite, ob ich eine Lichtsäule aufbaue, oder ob ich mich mit einer verbinden kann, um sie für meine Arbeit zu nutzen.

Kiria Deva erklärte uns auch, daß sie bei Sitzungen alle Schichten des Seins berührt, während ein nicht von Kiria Deva energetisierter Stein nur die Ebenen berührt, für die er programmiert ist, und seine Wirkungsweise sehr von der Zielgerichtetheit des Menschen, der ihn nutzt, abhängt. Sie brachte den Vergleich, daß Kiria Deva ein unabhängiges

Werkzeug ist, während die anderen Kristalle von den Menschen abhängen, die sie einsetzen. Natürlich sind Steine generell auch wirksam, selbst wenn der Betreffende nicht daran glaubt, doch um damit gezielt zu arbeiten und Veränderung im Sinne einer Lösung in Form einer Entladung im System zu erzielen, ist es wichtig, was der behandelnde Mensch darüber denkt.

Und deshalb kommst du mit Kiria Deva in viel tiefere Ebenen hinein, weil diese Schwingung unabhängig ist von deinem Glauben, ob dieses nutzt oder nicht. Das heißt: Mit Kiria Deva Kristallen kannst du effizientere Ergebnisse erzielen, weil der Umfang der Schwingung weitreichender ist und dies der jetzigen Zeitqualität entspricht.

Nun möchte ich genauer auf verschiedene Anwendungsgebiete für Kiria Deva Heilkristalle eingehen und mit Legesystemen für uns und unsere Mitmenschen beginnen.

ANWENDUNG DER KRISTALLE BEI EINZELNEN MENSCHEN

Kristallsetzung zur Verbesserung und Stabilisierung der Verbindung zu Mutter Erde:

Dieses Legesystem erleichtert das Ankommen mit allen Körpern im Hier und Jetzt, dient der Aussöhnung mit der Erde auf allen Ebenen, und hilft bei der Rückführung ins eigene System. Es stärkt die Verbindung zwischen Himmel und Erde, zwischen Geist und Materie, den Bereichen, denen wir als Menschen angehören und deren Verbindung auch eine der Hauptaufgaben unseres "Hierseins" ist. Eine stabile Verbindung mit der Erde ist nach unserer Meinung eine Grundvoraussetzung für Wohlbefinden, Erfolg und Umsetzung von Wünschen und Visionen. Sie ist die Grundlage für jede spirituelle Arbeit, denn nur wenn ich mit beiden Beinen auf der Erde stehe, kann ich auch etwas in der Materie bewegen, kann ich Heilung erlangen und auch schenken. Die stabile Verbindung zu unserer Nährmutter Erde schenkt uns Vertrauen in alle Ebenen unseres Seins, zum Genährt- und Geliebtwerden, zu unserer Kreativität und Lebensfreude, zu uns selbst, unserer Ermächtigung und Kraft, zu der Liebe und Heilungsmacht, die in uns ruht, zu unserer klaren und liebevollen Kommunikation, zu unserer Wahrnehmung und unserem Wissen, und schließlich auch zu unserer einzigartigen und vollkommenen Art unserer Spiritualität.

Stelle eine klare Kiria Deva Kristallspitze an das Kopfende des zu behandelnden Menschen, gib eine klare Kiria Deva Kristallspitze in jede Hand (in die Handchakren) und eine klare Kiria Deva Kristallspitze und einen Rubin zum Basischakra.

Dabei gibt es wieder keine starre Regel, in welche Richtung die Spitzen zeigen sollen, sondern achte einfach intuitiv auf die Ausrichtung, je nachdem in welche Richtung die Verbindung gestärkt, Blockaden ausgeleitet und Harmonisierung erreicht werden soll. Stehen die Spitzen, ist es sozusagen neutral und für alle Bereiche geeignet; zeigen sie nach unten in Richtung Füße, stärken und klären sie besonders die Verbindung zur Erde, den Erdkanal, und zeigen sie nach oben, wird die Verbindung zum Hohen Selbst und zu den transpersonalen Chakren geklärt und gereinigt.

Kristallsetzung für persönliches Wachstum, um das System in die Einheit zu bringen:

Stelle eine Kiria Deva energetisierte Kristallspitze auf die Thymusdrüse.

Die Drüse und das Chakra werden aktiviert, angeregt und damit das ganze System des Menschen auf die Schwingungsebene der Einheit, der Harmonie mit allem, was ist, eingestimmt.

Kristallsetzung für die Harmonisierung des Emotionalkörpers:

Eine klare Kiria Deva Spitze auf den Solarplexus gestellt, befreit diesen von den Irrungen und Wirren seiner Schwingungsebene. Der Solarplexus, die Lebensmitte oder das Zentrum des Hara, wie es in anderen Systemen genannt wird, gilt als Verbindungsglied zum Emotionalkörper. Auch wenn dieser unser gesamtes Sein durchdringt und darüber hinaus in das aurische Feld reicht, so ist doch dieses Chakra der direkteste Zugang zum Emotionalkörper und somit auch die Ansatzstelle, um Heilung und Harmonisierung auf dieser Schwingungsebene einfließen zu lassen. Die Behandlung über dieses Chakra schenkt uns ein klares Bewußtsein und zielgerichtetes Handeln.

Kristallsetzung zur Verbindung von Herz und Solarplexus:

Um zielgerichtetes Handeln ohne Machtmißbrauch, frei von der Energie des Tätertums, leben und sein zu können, ist es wichtig, unseren Solarplexus mit dem Herzzentrum zu verbinden. Dazu gibt es verschiedene Übungen, wie zum Beispiel die zwei Zentren mit einer goldenen Acht zu verbinden, bis ihre Energien sich gegenseitig befruchten und ergänzen.

Eine sehr einfache Art und Weise ist es auch, mit einem energetisierten Doppelender, den man auf die Verbindung zwischen den beiden Chakren legt, diese Verschmelzung herbeizuführen.

Kristallsetzung, um den Durchfluß zwischen den Chakren zu fördern, also einen energetischen Ausgleich zwischen den Zentren unserer Energien herzustellen, Energien der Trennung zu lösen, die in uns die Illusion der Getrenntheit aufrechterhalten.

Wir legen einen Kreis von Kiria Deva Spitzen auf die Chakren. Diese zeigen vorne nach oben und auf dem Rükken nach unten. Dieses Legemuster wirkt sehr harmonisierend und läßt uns die Qualitäten der einzelnen Chakren auf allen Ebenen nutzen und bringt so Harmonie in den Fluß. Bevor wir den Kreis der Kristallspitzen schließen, können wir noch andere Energien in diesen Fluß, in diesen Kreislauf, einladen, um diesen Prozeß zu unterstützen. Dies kann zum Beispiel die Energie von Hyperborea oder die Qualität des Durchfließens von Erzengel Michael oder anderes sein, je nach Intuition des Anwenders und Bedürfnis oder Vorliebe des Menschen, der gerade in diesem Kraftfeld liegt.

Kristallmandala zum Beispiel für Fernheilungen:

Man nehme fünf, sieben oder neun Kiria Deva Kristallspitzen, die einen Steinkreis bilden. In der Mitte liegen der Name oder ein Bild oder ein Bezugspunkt des zu behandelnden Menschen und der klare Auftrag an Kiria Deva, worum es geht. Man kann auch noch eine Kristallspitze auf das Bild stellen, um die Zielrichtung der Energie zu unterstützen, wenn es um einen ganz speziellen Heilungswunsch für dieses Wesen geht. Wenn die Spitzen des Steinkreises nach oben zeigen, ist dieses Kraftfeld geeignet, Heilenergie zu versenden. Dies kann auch zum Aufladen, Auftanken eines Systems, für Regenerations- und Aufbauphasen genutzt werden.

Wenn die Spitzen des Steinkreises nach außen zeigen, also liegen, dient dieses Kraftfeld dazu, Energien aus einem System auszuleiten, um zu klären, um Blockaden zu lösen. Dieses kann zum Beispiel auch im Rahmen eines Gruppenclearings innerhalb eines Seminars geschehen, wodurch dieses sehr leicht und liebevoll abläuft.

Diese Form der Kristallsetzung kann auch für Tiere, Pflanzen, Orte oder Länder angewendet werden.

Nach diesen Behandlungsvorschlägen für einzelne Menschen nun eine Anregung für das Zusammenleben, also für die Beziehung zwischen Menschen.

• PARTNERSCHAFTEN

Beziehungen und Partnerschaften in der dritten Dimension sind Lernfelder der Einheit, das soll heißen, sie ermöglichen uns das Erkennen des eigenen Selbst, des göttlichen Kerns in uns allen, der eigenen Aufgabe, der eigenen Begrenzungen und so weiter. In vielen Beziehungen und vor allem Partnerschaften finden wir Abhängigkeiten und eine wunderbare Spielwiese des Egos. Es geht jetzt aber darum, auch in das Feld unserer Beziehungen Freiheit, Unabhängigkeit und Anerkennung der Andersartigkeit einfließen zu lassen. Das soll nicht heißen, daß man sich nicht mehr gegenseitig unterstützt, sondern eher fördert in der Freiheit des eigenen Seins und sich liebevoll erinnert oder erinnern läßt, wo noch Begrenzungen liegen, wo man nicht in seiner Mitschöpferkraft ist und Abhängigkeiten noch Raum genommen haben. Auch hier geht es darum, die fünfte Dimension einfließen zu lassen, denn erst vollkommene Freiheit ermöglicht uns eine Begegnung in Achtung füreinander, Gleichwertigkeit und bedingungsloser Annahme der Andersartigkeit.

Als Vorbereitung für die Lösung von Spannungsfeldern in Partnerschaften und Beziehungen laßt uns diese Spielwiese der Energien anschauen und erkennen, wo Blockaden und Disharmonien liegen, und begreifen, daß es ein Übungsfeld ist, das wir in Liebe und Leichtigkeit verändern können.

Zur Lösung von disharmonischen Energien in einer Partnerschaft wurde uns folgende Übung empfohlen:

*Errichtet für die Dauer der Übung eine Lichtsäule mit dem weißen Strahl von Serapis Bey. (Und ich bitte um achtsamen Umgang mit dieser Art von Lichtsäule, denn es sind enorme Kräfte, die in ihr fließen.) (*Der weiße Strahl wird nicht nur deswegen verwendet, weil er reinigt, sondern auch, weil er einen direkten Draht zu dem Rat der Weisen von Atlantis darstellt.) *Dann reist zur Einstimmung nach Luxor und nehmt über Luxor die Verbindung zum Rat der Weisen von Atlantis auf und bittet um seine Unterstützung. Ihr könnt diese Energie auch zur Bearbeitung eurer Partnerschwerpunkte, Familienlasten und ähnlichem verwenden. Dann stellt eine Partnerschaft mit einer Disharmonie in die Mitte der Lichtsäule und löst mit Hilfe einer Kiria Deva Kristallspitze aus der Beziehungsebene den Konflikt heraus, gebt ihn ab an die Ebene von Luxor über diese Lichtsäule. Die erlöste Energie kommt von Luxor zurück in die Beziehung, wird über die Kristallspitze eingeleitet, und die Energie von Liebe, Frieden und Harmonie nimmt Raum. Dann wird die Beziehungsebene wieder aus der Lichtsäule genommen, diese mit dem Dank an Serapis Bey, an den Rat der Weisen und an Luxor abgebaut, und die Übung mit Erdung und Zentrierung abgeschlossen.*

Dadurch verändert sich das Spannungsfeld. Über die Beziehungsebene steht die veränderte Energie beiden Partnern zur Verfügung und kann genutzt werden. So kann man indirekt über die Ebene der Beziehung arbeiten. Euer System und das des Partners/der Partnerin wird in einer sehr sanften Art und Weise bearbeitet und die Freiheit respektiert, das anzunehmen, was er/sie möchte. Wenn man direkt im System des anderen arbeitet, könnte dies ein zu massiver Übergriff sein und die Freiheit des anderen leicht mißachtet werden.

Mit dieser einfachen Übung kann der Frieden zwischen zwei Menschen wiederhergestellt und aus dieser Harmonie die Kraft geschöpft werden, sich selbst als das göttliche Wesen zu sehen und anzuerkennen, das jeder ist.

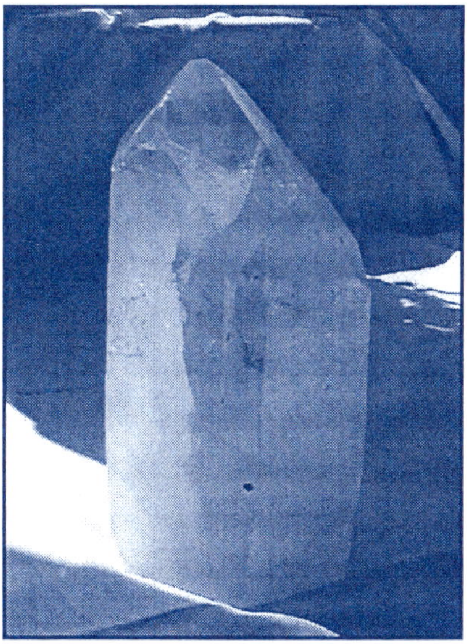

• INNERES KIND

Das Innere Kind ist ein Teil des Emotionalkörpers, in dem eine sehr große Kraft des Mitschöpfertums liegt. Kiria Deva bat uns, zu erkennen, daß es Wesenheiten gibt, welche die Aufgabe gehabt haben, uns zu unterstützen, tiefer in die Erfahrung der Dualität, der Dichte, einzusteigen. Diese Wesen achteten sehr darauf, daß Konstrukte und Anleitungen im morphogenetischen Feld gehalten wurden, welche die Inneren Kinder über die Qualität des im Mangelsein manipuliert haben. Dabei handelt es sich um eine globale Schwingung über diesem Erdenstern, die von nicht-lichten Kräften getragen wird, auf Anweisung von den Kräften des Lichts. Über den Mangel und ähnliche Erfahrungen haben wir uns größtmögliche Trennung erfahrbar gemacht.

Deshalb ist es wichtig, das Innere Kind aus der Struktur des Mangels zu befreien und aus dem Bewußtsein heraus zu arbeiten und zu handeln, welches das heile Kind, das wir sind, darstellt. Denn je mehr wir versuchen, den Mangel unseres Inneren Kindes auszugleichen, um so mehr nähren wir diesen Mangel,

Das Wesen des Mangels äußert sich in vielen verschiedenen Facetten: in Mangel an Liebe, an Geborgenheit, an Zuwendung, in Mangel an materieller Befriedigung unserer Bedürfnisse, die Vorstellung von schlechter sein als, von nicht so schön, nicht so vollkommen sein wie, und allen anderen Unzufriedenheiten mit dem eigenen System. Alle Formen von Konkurrenz, Neid und Trotz lassen sich auf das Gefühl des Mangels des Inneren Kindes zurückführen. Und wir alle haben in irgendeiner Form diese Qualitäten erfahren und leben sie, auch wenn wir sie manchmal gut verstecken.

Kiria Deva empfahl für die Heilung des Inneren Kindes *mit einer energetisierten Kristallkugel zu arbeiten, mit welcher der Bauch massiert wird in dem Bewußtsein, dabei mit der Ebene des Inneren Kindes verbunden zu sein. Diese Massage beruhigt, entspannt und öffnet die Ebene des Inneren Kindes. Dann kannst du anschließend zum Beispiel mit einer Kiria Deva Kristallspitze ein bestimmtes Thema des Mangels ausleiten und das Bewußtsein der Fülle auf die Ebene des Inneren Kindes. wieder einfließen lassen.*

Sie meinte, dieses sei eine wunderbare Paarübung. Du kannst sie zwar grundsätzlich auch alleine machen, doch wird die Wirksamkeit der Übung durch die Zuwendung, die du einem anderen Menschen schenkst oder die du über einen anderen Menschen erfährst, erhöht.

Um aus dieser Spirale auszusteigen, ist es wichtig, daß wir uns auf unser heiles Kind fokussieren, das wir sind und das in jedem von uns ist. Daraus entstand eine weitere Anregung von Kiria Deva:

Sie empfahl, Kristalle mit der Schwingung unseres heilen Inneren Kindes zu programmieren. Über die Verbindung mit unserem Hohen Selbst und die Verbindung zu Kiria Deva bringen wir dann das Wissen des heilen Inneren Kindes in uns hoch und programmieren mit dieser Schwingung den Kristall. Dieser wird dann mit Kiria Deva Energie versiegelt und so diese Erinnerung an das geheilte Innere Kind in der Fülle von allem, was ist, gehalten und verstärkt.

Immer wenn du diesen Kristall trägst, erinnert er dich an dein heiles Inneres Kind, und so kann Lachen viel leichter in deinem System Raum nehmen.

Warum verlassen wir die Bühne mit den "Mangelkindern" nicht einfach und leben die Fülle, die uns Mutter Erde Tag für Tag vor Augen hält? Die Kraft des Annehmens schafft Veränderung, und Kiria Deva kann uns dabei behilflich sein.

Ein ähnliches Thema ist das Spiel zwischen weiblicher und männlicher Energie, die sich äußerlich als Frau und Mann verkörpert hat und erst so die Trennung in die dritte Dimension brachte - scheinbar, denn beide Energien sind nach wie vor in beiden Geschlechtern vorhanden.

• WEIBLICHKEIT UND MÄNNLICHKEIT

Bei der Ausarbeitung dieses Kapitels meinte Kiria Deva, daß geheilte Weiblichkeit gleichzusetzen sei mit geheilter Männlichkeit. Es bedeutet auch geheiltes Bewußtsein von Lemurien und geheiltes Bewußtsein von Atlantis, wenn wir das fließende, empfangende, weibliche Prinzip dem lemurischen Sein und die zielgerichtete, dynamische, männliche Kraft dem atlantischen Wesen zuordnen.

Sie betonte, daß Weiblichkeit auch Männlichkeit ist und es die reine Weiblichkeit, und damit die reine Männlichkeit, nicht gibt.

Hier ist es wichtig, die morphogenetische Prägung, die sowohl in den Frauen als auch in den Männern vorhanden ist, herauszulösen. Das bedeutet, daß ein Ungleichgewicht zwischen den weiblichen und männlichen Kräften besteht. Zum Beispiel die Erfahrungen, die bereits in matriarchalen Zeiten erlebt wurden, als Frauen sehr machtvolle Wesen waren. Das darauffolgende Patriarchat war nur ein Ausdruck der Hilflosigkeit und eine Antwort auf diese Grundschwingung.

Das bedeutet, daß ein Ungleichgewicht zwischen den weiblichen und männlichen Kräften besteht. Doch selbst wenn das Weibliche als Opfer zum Ausdruck gelangt, bedeutet das nicht, daß es nicht gleichzeitig auch Täter ist. Deshalb bedeutet Heilung der Männlichkeit und Heilung der Weiblichkeit, von den Energien der Trennung loszulassen. Glaubenssätze wie zum Beispiel *Männer sind physisch stärker als Frauen, Männer können nicht so gut über ihre Gefühle sprechen wie Frauen, Frauen können besser zuhören als Männer* (und diese Liste wäre noch sehr lange fortzusetzen), sind Vorurteile. Vorurteile sind Energien der Trennung und unterstützen die Machtausübung von matriarchalen über patriarchale Strukturen und umgekehrt.

Deshalb ist es wichtig, innezuhalten und achtsam zu sein, wo wir diese Glaubenssätze in unserem Alltag denken, fühlen, aussprechen und vor allem leben. Was Frauen besser können, und was sie nicht so gut können wie Männer, und umgekehrt. Wenn wir uns dabei ertappen, ist es wichtig, uns zuerst zu loben, daß es uns auffällt und dann laßt uns diese Energie verändern. Dies geschieht, indem wir erkennen, daß beide Ebenen gleichwertig sind. Und beide Energien den gleichen Ausdruck haben. So können wir unseren inneren Satz verändern, indem wir das Wort Männer einfach durch Frauen ersetzen und umgekehrt. Erlaubt, daß wir positive Zuordnungen finden, und nicht betonen, was das andere Geschlecht nicht kann, immer noch nicht kann. Diese Veränderung ist von Wichtigkeit, um Verständnis zwischen Männern und Frauen zu schaffen, denn der physische Unterschied, der es in unserer Wertung ausmacht, Frau oder Mann zu sein, ist nur eine sehr kleine Ebene unseres Seins, ein verschwindend kleiner Anteil im Vergleich zu all den feinstofflichen Ebenen. Alle diese Ebenen, angefangen beim Emotionalkörper über den Mentalkörper und den Spirituellen Körper, das Sternenwesen, das wir sind, der Engel, der wir sind, die Seele und die Quelle – sie alle haben kein

Geschlecht, und trotzdem beharren wir auf diesem verschwindend kleinen Teil des physischen Seins mit einer solchen Vehemenz und betonen immer wieder, wie unterschiedlich der Ausdruck durch diese physische Prägung ist.

Kiria Deva fragt uns: *Warum tut ihr das? Warum sucht ihr nicht das Einende? Warum erkennt ihr nicht, daß der Ausdruck des physischen Körpers, ob in männlicher oder in weiblicher Form, ein Spiel der Energien ist und nicht von so großer Wichtigkeit?*

Deshalb ist es auch nicht wirklich von Bedeutung, ob eine Paarbeziehung zwischen zwei Frauen, zwei Männern oder zwischen einem Mann und einer Frau gelebt wird. Es ist sehr wichtig, daß dieses in das Bewußtsein der Menschen eindringt, denn durch das Beharren: *ich bin Frau oder ich bin Mann* hältst du auch fest an den alten Verletzungen, bist stolz auf deine Verletzungen, bist stolz auf deine Täterschaften im matriarchalen oder auch patriarchalen Fokus, als die männliche und in der Folge die weibliche Kraft mißbraucht wurde. So ist matriarchalisches und patriarchalisches Sein nur ein Spiel, und so wie ihr sowohl Opfer als auch Täter seid beziehungsweise weder Opfer noch Täter, weil ihr einfach Quelle seid, so seid ihr letztendlich weder Frau noch Mann, sondern seid auch hier einfach Quelle. Quelle allen Seins. Deshalb ist es wichtig, daß geheilte Weiblichkeit geheilte Männlichkeit ist, und geheilte Männlichkeit geheilte Weiblichkeit.

Kiria Deva empfiehlt *dazu folgendes:*

Nimm eine Kiria Deva Kristallspitze und gib sie auf den Solarplexus mit der Spitze nach außen, um den Solarplexus zu öffnen. Dann erlaubst du, daß aus deinem Solarplexus die Energie der Vorurteile fließt, und erlaubst über das Wenden der Spitze, daß hier das Bewußtsein der Einheit fließt, und zwar im Bewußtsein der Verbindung zum Emotionalen Körper. Aus diesem fließt dann die Energie der Einheit in alle Ebenen deines Seins. Dann nimmst du die Spitze und setzt sie zu deinem Basiszentrum, nach unten weisend, und öffnest so die Verbindung zur Erde. Leitest Vorurteile aus - gegen Materie, gegen weibliches Prinzip und drehst du sie wieder um, und läßt einfließen das Bewußtsein der Einheit. Dann setzt du die Spitze bei der Medulla Oblongata an (die Stelle, wo die Wirbelsäule in den Schädel mündet), und läßt Vorurteile herausfließen, die in früheren Inkarnationen geschaffen wurden, und läßt somit Vergangenheit los, drehst die Spitze wieder um und läßt die Energie der Einheit einfließen. Dann nimmst du diese Spitze und setzt sie beim Thymus an und läßt herauslösen sämtliche Vorurteile, die entstanden sind durch mißverstandene Kommunikation. Und auch hier fließt das Einende der Kommunikation ein und schließt den Kreis. Dann setzt du die Spitze bei deinem Kronenchakra an und öffnest dich für das männliche Prinzip des Universums, für den Himmel, und läßt los Vorurteile über männliche Autorität, männliche Präsenz, Zielgerichtetheit, und schließt den Kreis durch

Einleiten. Dann setzt du die Spitze im oberen Lendenwirbelbereich und läßt los Vorurteile aus der Vergangenheit, speziell was Beziehungsstrukturen, Beziehungsabläufe zwischen Mann und Frau beinhaltet und lenkst auch hier die Energie wieder als Einheit hinein. Und dann setzt du die Spitze auf dein Herz und läßt all den Schmerz, all die Verletzungen, die du in Beziehungen erlebt hast, heraus, lenkst ihn heraus. Und nun nimmst du die Freude der Einheit und lenkst sie in alle Ebenen und lenkst sie auch nochmals gezielt zu den Punkten, die du vorher bearbeitet hast, und läßt sie über diese Punkte nochmals ausstrahlen in dein gesamtes Sein.

Dann gab uns Kiria Deva noch einen zweiten Vorschlag:

Dazu brauchst du einen Kiria Deva Doppelender Kristall und setzt ihn an auf der Ebene deines dritten Auges, mit den Spitzen nach außen. Hier verbindest du den Kristall durch die mentale Aussendung mit deinem Stammhirn, und über das Stammhirn fließt die Energie in die linke und rechte Gehirnhälfte ein und verbindet diese in einer ausgleichenden Art und Weise miteinander. Dann legst du den Doppelender auf deinen Thymus auf, und zwar zeigen die Spitzen nach oben und nach unten, so verbindest du Himmel und Erde. Dann nimmst du den Doppelender auf dein zweites Chakra und verbindest dein Polaritätschakra zu einem Chakra der Einheit. Dann legst du den Doppelender auf deinen hinteren Solarplexus auf, mit den Spitzen nach oben und nach unten zeigend, und verbindest durch deine Absicht deinen Emotionalkörper mit deinem Mentalkörper. Dann nimmst du die Spitze nochmals zu deinem dritten Auge, verbindest nochmals emotionales und mentales Sein, linke und rechte Gehirnhälfte, Himmel und Erde, weibliches und männliches Prinzip.

- **ELEMENTE**

Eine einfache Übung zur Aussöhnung mit den Elementen, sowohl mit den äußeren als auch mit den inneren Aspekten, entsteht durch das Bilden eines Kiria Deva Kristall Quadrates.

Das Quadrat ganz allgemein steht für Stabilität und Standfestigkeit in der Materie, vier ist die Zahl der Erde. Und wie ich schon erwähnte, trägt jeder in sich die Qualitäten von Erde, Feuer, Luft und Wasser, und je ausgewogener diese Energien miteinander verbunden sind, um so kraftvoller und freier können dieses Kräfte genutzt werden.

Um eine Idee in die Materie umzusetzen, brauchst du die Inspiration und die Leichtigkeit (= Luft), die Kraft, es anzupacken (= Feuer), den Fluß, es wirklich umzusetzen (= Wasser) und das Resultat in der dritten Dimension (= Erde). Wenn du nun zum Beispiel aus irgendeinem Grund eine Ablehnung gegen das Prinzip der Erde hast, kann es sein, daß du zwar wunderbare Impulse erhältst, sie auch voller Eifer beginnst umzusetzen und auch die Ausdauer hast, sie weiterzuentwickeln, sie aber nie in eine Form des Abschlusses in die Manifestation kommen können. Um dieses zu verändern, gab uns Kiria Deva die folgende Anregung:

Du brauchst fünf Kiria Deva Kristallspitzen. Nimm die erste, verbinde dich mit dem Element Erde, lade Gaia, Erzengel Raphael, Erdwesen und andere dir vertraute Ener-

gien, die sich auf diese Qualität beziehen, ein und positioniere den Kristall in einem Eck vor dir. Nimm den zweiten Kristall und verbinde dich mit dem Element Feuer, lade Wesen des Feuers aus den Ebenen des Blauen Volkes, Erzengel Uriel, eventuell die hawaianische Göttin des Vulkans Pele oder wer auch immer dir vertraut ist, ein und positioniere den Kristall in einer anderen Ecke. Nun nimm den dritten Kristall, verbinde dich mit dem Element Luft und rufe die Feen und Elfen, Erzengel Gabriel und andere Wesen, die dir zu dieser Qualität in den Sinn kommen, und positioniere den Stein. Dann nimm den vierten Kristall und verbinde dich mit der Kraft des Wassers und rufe hier Wesenheiten, die dir bekannt sind, wie zum Beispiel Erzengel Michael oder Aquala Avala, und positioniere diesen, so daß um dich herum ein Quadrat entstanden ist. Nun nimm den fünften Kristall in deine Hände und verbinde dich mit dem fünften Element, dem Äther, dem Glauben, der Berge versetzen kann, der Liebe, und halte ihn während der gesamten Übung.

Nun verbinde dich über deinen Solarplexus mit dem ersten Kristall, der für die Erde steht. Beauftrage nun Kiria Deva, aus allen Ebenen deines Seins alle Formen der schmerzhaften Erfahrungen im Zusammenhang mit diesem Element herauszulösen, und nimm wahr, wie diese Energien von dem Kristall angezogen, wie sie im Kristall durch Kiria Deva transformiert werden und über den Stein zurückfließen als Energie der Liebe, als Energie der Freude, als Energie des Vertrauens in die Kraft der Erde. Dadurch schließt sich der energetische Kreis aus deinem Solarplexus zu dem Kristall und wieder zurück. Bleibe eine Zeitlang mit deiner Aufmerksamkeit bei diesem Kreislauf der Erneuerung und lasse ihn weiterlaufen, auch wenn du dich dem zweiten Kristall zuwendest.

Dort wiederholst du dieses mit dem Element Feuer, transformierst alle leidvollen Erfahrungen mit diesem Element, läßt den Kreislauf weiterlaufen und gehst nach einiger Zeit zum dritten Kristall und später zum vierten Kristall und wiederholst auch hier den Kreislauf mit den Elementen Luft und Wasser. Wenn alle vier Kreise in deinem Solarplexus geschlossen sind, verbinden sich diese Kräfte automatisch mit dem Stein des fünften Elements in deiner Hand. So lasse diese vereinigte Energie aller Elemente durch alle deine Zellen, durch alle Chakren, durch alle Körper, hinein in den Solaren Kern der Erde fließen, hinauf bis zu deinem Hohen Selbst und hinaus in das morphogenetische Feld strahlen.

Dann bedanke dich bei den Energien, entlasse sie wieder, löse die Kreise und auch das Quadrat auf, zentriere und erde dich und schließe die Übung ab.

• TIERE

Es geht beim Reich der Tiere nicht um Individualseelen, wie dies bei den Menschen der Fall ist, sondern um ein Kollektivbewußtsein, um eine Kollektivseele. Das chakrische System der Tiere ist bei den einzelnen Gattungen unterschiedlich. Der Einfachheit halber kann man aber davon ausgehen, daß es wie beim Menschen in Form des Regenbogens aufgebaut ist. Über diese Chakren sind sie sowohl mit ihrem Umfeld als auch mit ihrem Kollektivbewußtsein verbunden. Bei den Tieren gibt es zwar so etwas wie ein kollektives emotionales Feld, aber hauptsächlich bei den Warmblütlern. Und in diesem kann auch Schmerz gespeichert sein.

Es ist unsere Aufgabe als Menschen, dieses kollektive emotionale Feld zu heilen, denn die Tiere haben keinen freien Willen und somit auch nicht die Möglichkeit der emotionalen Heilung aus sich heraus. Und so wie bei unseren Mitmenschen ist auch Tieren mit Mitleid nicht geholfen; die Qualität des Mitgefühls hebt uns aus der Wertung und aus der Ohnmacht, und somit können wir etwas verändern.

In Atlantis gab es wunderbare Tierheiler, die es verstanden, über das dritte Auge mit den Tieren zu sprechen. Sie heilten sie mit Händen, Kristallen und auch mit Tönen.

Die Lemurianer verschmolzen mit dem Bewußtsein der Tiere, wurden eins mit ihm und tauschten sich auf diese Art und Weise aus. Und auch Heilung geschah auf diesem Weg.

Zum Harmonisieren von Tieren ist ein Kiria Deva Handschmeichler, der zu ihrem Schlafplatz gelegt wird, sehr zu empfehlen. Man kann mit diesem Handschmeichler auch über das Fell streichen, Mandalas legen, wie oben beschrieben, und bei Schnitt- oder Bißverletzungen mit einer Kiria Deva Spitze darüberstreichen, damit sich die Enden leichter wieder verbinden und sich die Wunde schließt. Die Kristalle können auch zur Klärung von Verletzungen auf emotionaler Ebene eingesetzt werden. Hier soll man, was Länge, Art und Weise der Behandlung betrifft, seiner eigenen Intuition trauen.

Die Tiere sprechen telepathisch, und auch wir können mit ihnen auf diesem Weg kommunizieren, es bedarf nur ein wenig an Übung und Vertrauen in die eigenen Fähigkeiten. Als Hilfestellung dabei können wir über den gelben Strahl arbeiten und die Ebene von Meister Kuthumi bzw. Franz von Assisi einladen, uns zu helfen, oder das Blaue Volk bitten, uns zu unterstützen.

In einigen Menschen sitzen auch noch Blockaden, die mit einer ganzen Gattung von Tieren in Zusammenhang stehen. Stellvertretend möchte ich hier die Spinnen nennen, da hiervon viele Menschen betroffen sind. Auch Gefühle wie zum Beispiel der Ekel vor Spinnen verursachen Trennung, und es ist unsere Aufgabe, diese Energien zu lösen:

Entspanne dich und spüre nach, auf welcher Ebene (zum Beispiel in welchem Chakra oder in welchem Körper) diese Trennung/Ablehnung/Angst sitzt, und frage dich, was du brauchst, um diese zu lösen, loslassen zu können. Dann stelle dir selbst diese Farbe/Energie zur Verfügung (so schaffst du Bereitschaft). Anschließend leite die blockierende Energie mit einer Kiria Deva Kristallspitze aus dem System. Danach drehe die Spitze um und laß die transformierte, durchlichtete Energie wieder in dein System einfließen. Auch hier kann es notwendig sein, diese Übung mehrmals zu machen, um jegliche Aversion vollkommen aus deinem System zu lösen und Anerkennung der Andersartigkeit auf allen Ebenen entstehen zu lassen.

• PFLANZEN

Die Pflanzen als Grundlage der Ernährungskette führen uns vor Augen, wie die Lichtnahrung funktioniert. Photosynthese ist der allgemeine wissenschaftliche Begriff dafür. Sie sind auch der Wohnsitz für Devas, welche die Pflanzen einzeln bewohnen oder mehreren als Kollektivdeva zur Verfügung stehen. Devas haben die Aufgabe, sich um das Wohlergehen der Pflanze zu kümmern, sie zu versorgen und Verbindung zum Ganzen herzustellen. Bei der Heilung von Pflanzen geht es darum, daß sowohl die Pflanze oder auch der Deva oder beide gemeinsam behandelt werden müssen. Durch einen "Schock" zum Beispiel kann der Deva seine Aufgabe vergessen haben. Dann liegt es an uns, ihn daran zu erinnern, damit er seinen Seelenauftrag wieder erfüllen kann. Dieses Erinnern, die Heilung des traumatischen Erlebnisses, kann durch die Behandlung mit einem Kiria Deva-Stein erfolgen, der über die Energie der Einheit und die Energie der Heilung bei diesem Pflanzendeva die Erinnerung weckt.

Es gibt Pflanzen, die sich auch bereit erklärt haben, als Wirt für bestimmte Tiere, die wir dann als Schädlinge bezeichnen, zu dienen. Hier nehmen wir dieser Pflanze dann ihre Bestimmung, ihre Lebensaufgabe, wenn wir sie von ihren Nutznießern befreien. Deshalb bitte bei jeder Heilungsarbeit auch immer den Wunsch der Pflanze und des Devas mit einbeziehen.

Auch mit den Pflanzendevas und den Pflanzen selbst findet die Kommunikation über Telepathie statt. Es kann sein, daß du im aurischen Feld der Pflanze und/oder des Devas eine Disharmonie siehst, es kann sein, daß du es einfach spürst oder weißt, was die Pflanze, was der Deva braucht.

Menschen, die den sogenannten grünen Daumen oder einen besonderen Draht zu Pflanzen haben, sind oft mit Pflanzendevas in ihrer Aura gesegnet, mit denen sie in engem Austausch sind, und somit vieles im Umgang und bei der Pflege von Pflanzen wissen, meistens ohne zu ahnen, woher.

Allgemein kann ein kleiner Kiria Deva-Handschmeichler, auf die Erde der Topfpflanze gelegt, ihr Harmonisierung und Energie zum Aufbau geben, was aber zeitlich begrenzt geschehen sollte. Bei Bäumen kann dieser kleine Kristall bei den Wurzeln vergraben werden und auch dort verbleiben.

Auch bei der Bekämpfung des „Unkrauts“ darf ein Bewußtseinswandel Raum nehmen. Wie es schon beim Wort Bekämpfung anklingt, ist Kampf mit allen Mitteln in Gärten und Felder eingezogen. Eine ganz einfache Sache ist es, die Beikräuter[1)] darauf vorzubereiten und ihnen vorher mitzuteilen, daß sie gerupft werden. Schon dadurch entsteht Achtung vor der anderen Lebensform.

[1)] Es wurde bewußt auf den Begriff „Unkraut“ verzichtet.

Eine Alternative zur Schädlingsbekämpfung ist es, Gespräche mit den Pflanzendevas und dem Blauen Volk zu führen und mit ihnen über einen neuen Standort zu verhandeln, denn selbst biologische Schädlingsbekämpfung ist eine Bekämpfung, und jeder Kampf erzeugt Gegenwehr.

Laßt uns Frieden stiften in unseren Gärten und Feldern, in unserer Umwelt und damit auch in uns.

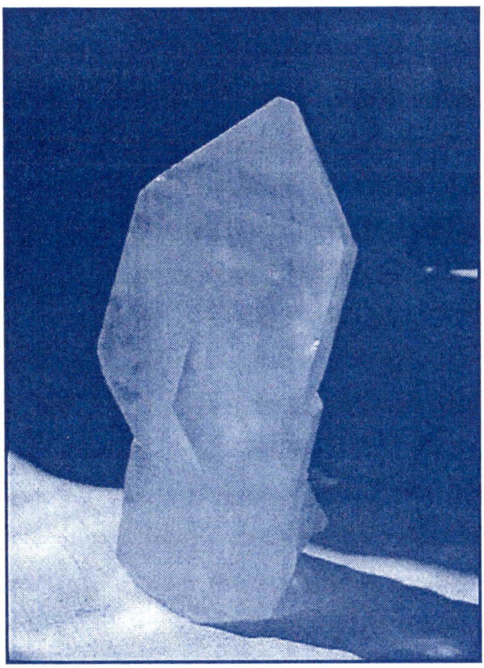

- **KRISTALLE**

Auch in Kristallen wohnen Devas, ähnlich wie bei den Pflanzen, und auch hier kann ein Deva einen oder mehrere Kristalle als Aufgabenbereich bewohnen. Und auch sie können ihre Harmonie verloren haben, die grobstoffliche Ebene des Kristalls kann verletzt und mit Programmen der Disharmonie angefüllt sein. Dies kann durch verschiedenste Art und Weise geschehen: Zum Beispiel werden viele Steine zu Handschmeichlern getrommelt, und dabei kann es passieren, daß sie „leergetrommelt" werden. Diesem Stein fehlt dann die Seele, der Deva, die gesamte Aura.

So ein Trommelstein erfährt durch einfaches Auflegen auf einen Kiria Deva Kristall Heilung. Nach zirka einem halben Tag mit dieser Schwingung versehen, strahlt er wieder und hat das Leuchten in seiner Aura zurück.

Auch diese Zeitangabe ist ein Richtwert und hängt vom Grad der Verletzung, von der Art des Steins und anderen Faktoren ab. Man kann auch das Blaue Volk bitten, die Schwingung im Stein wiederherzustellen.

Vor einiger Zeit gab uns Hilarion einen kleinen Exkurs über geschliffene und ungeschliffene Kristalle, damit wir auch hier erkennen können, daß es nicht um eine Wertung geht, sondern jede Qualität ihre Besonderheit hat und für das Lied der Einheit wichtig ist:

Ein geschliffener Kristall hat sozusagen ein anderes Geschenk als ein ungeschliffener. Naturbelassene Steine tragen hier die ursprüngliche Information, den ursprünglichen Klang, der viel leichter zu entdecken ist. Und wenn ihr in den Bereich der Klänge und Töne geht, ist es wichtig, auch mit unbehandelten Steinen zu arbeiten, denn das hat auch den Aspekt der Natürlichkeit. Bei manchen Modellen ist es wichtig, einen geschliffenen Stein zu verwenden. Wenn du eine Kugel hast, dann handelt es sich ganz klar um einen geschliffenen Stein. Dieser hat eine harmonisierende, ausgleichende Wirkung auf ein System, und dafür ist es wiederum wichtig, daß du einen geschliffenen Kristall hast, denn dieser bearbeitete Stein kann das Gefühl für Harmonie in einem System besser herstellen, weil er durch die Bearbeitung selbst in eine Harmonisierung gebracht wurde. Das heißt, sein Potential wurde in eine Form gebracht, über die es dann optimal wirken kann.

Auch das ist ein wichtiger Aspekt, denn ihr, wenn ihr es so wollt, seid ungeschliffene Kristalle, die manchmal hier und da noch einen Schliff brauchen, damit der Rahmen paßt. Ja? Und so ist es auch mit den Kristallen: Es hängt immer von dem Schwerpunkt ab, mit dem du arbeitest. Also: Was brauchst du – einen behandelten oder einen unbehandelten? Beides brauchst du bzw. brauchst du nicht. Ich sage das deswegen, damit hier nicht eine Abhängigkeit entsteht, sondern auch hier ein spielerisches Umgehen mit den Kristallen möglich ist.

Ich möchte nochmals darauf hinweisen, daß unsere Kristalle Wesenheiten sind und euch auffordern, achtsam mit ihnen umzugehen, ihren Auftrag oder Plan zu respektieren und sie zu fragen, ob sie energetisiert oder auf eine bestimmte Art programmiert werden möchten. Laßt uns das Zusammenspiel und Ineinanderfließen von Bewußtseinsebenen mit Hilfe unserer Kristalle erfahren und ausweiten.

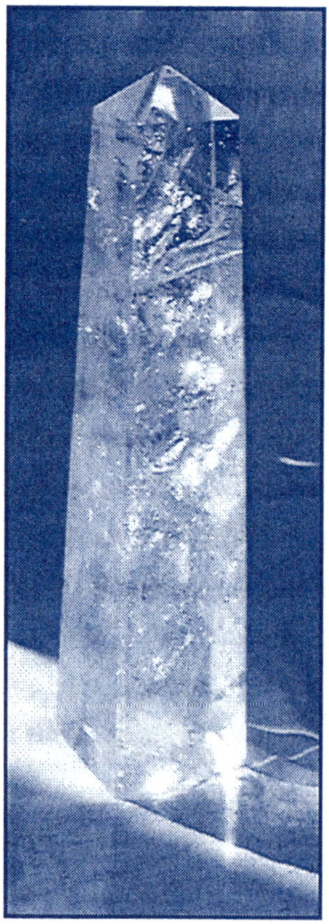

• DAS BLAUE VOLK

Der Begriff *Das Blaue Volk* steht hier als Sammelbegriff für alle Devas, Gnome, Zwerge, Elfen, Feen, Sylphen, Salamander und andere, die auch unter dem *Namen Das Volk des blauen Halbmonds*, *Kleines Volk* oder *Die Welt der Naturgeister* bekannt sind.

Das Blaue Volk besteht also aus verschiedenen Rassen, die aber im Grunde ein und dieselben Wesenheiten sind. Ursprünglich, zu atlantischen Zeiten, gab es nur das Reich der Zwerge, das in den frühen Äonen entstanden ist. Und zwar haben die Atlanter in Verbindung mit der Energie von Sirius und der Energie von El (einem Gürtelstern von Orion – diese Wesenheiten haben auch ein spirituelles Zuhause über Tibet) und anderen Sternenebenen diese Energieformen, diese Wesenheiten, kreiert. Das geschah auch in Absprache mit den Engelwelten. Diese Wesen arbeiteten unter der Erde auch grobstofflich an den Gitternetzen und verankerten und lenkten hier Energien. Das war die Hauptaufgabe des Blauen Volkes. Sie erhielten von Atlantis eine eigene Souveränität, eine eigene "Staatshoheit", die sich im Inneren der Erde um den Bereich des goldenen Meistergitternetzes und des kristallinen Gitternetzes befindet – das sind energetische Strukturen im Inneren der Erde. Hier gibt es „Städte", große Ansammlungen dieses Volkes. Und einige dieses Volkes sind nach dem Zusammenbruch von Atlantis an die Oberfläche gekommen und haben in Absprache mit dem Rat von Atlantis Aufgaben der Heilung und

Energielenkung übernommen, um Pflanzen- und Tierwesenheiten zu retten und neue Pflanzenarten zu kreieren.

So kam es zu den Zwergenrassen, den *kleinen Leuten*, die auf der Oberfläche der Erde leben und die Energie des Lebens im Tierreich und im Pflanzenreich verweben. Diese Wesen haben sich zu einer Rasse ausgeformt, die wir als Feen und Elfen kennen.

Das Blaue Volk ist ein großes Kollektiv, das durchdrungen ist von einer Grundschwingung, die mit ihrem Auftrag an Gaia in Verbindung steht, so daß hier ein Energiebewußtsein der Erde bei der Bearbeitung, Energielenkung, Umsorgung, Verwaltung, Ernährung und Erhaltung von allen Lebensvorgängen grob- und feinstofflicher Natur zur Verfügung steht. Aus diesem Bewußtsein haben sich verschiedene Formen gebildet, und um hier so etwas wie eine Spezialisierung zu verkörpern und ihre Aufgabe so gut wie möglich zu machen, haben sich einige Ausdrücke in eine Form der Individualität gebracht.

Ein weiterer Grund ist, daß es uns Menschen leichter fällt, mit ihnen zu kommunizieren, da es für uns einfacher ist, mit einem Gegenüber zu sprechen als mit einem undefinierbaren Kollektiv, das nur Bewußtsein ist. Damit die Dimensionstore zwischen unseren beiden Welten durchschritten werden können, Brücken gebaut und Austausch stattfinden kann, wählen sie eine bestimmte Form der Manifestation und geben sich als Nixen, Elfen und all die anderen, uns bekannten Formen aus.

Letztendlich handelt es sich um eine Grundenergie, die verschiedene Ausprägungen hat. Man kann sie genauso als Energiekugeln mit verschiedenen Farben wahrnehmen, die dann zum Beispiel als Zwerg bezeichnet werden. Sie nehmen auch je nach Kulturkreis dann sozusagen ortsspezifische Formen an und werden als diese wahrgenommen.

Die einzelnen Wesen haben durch die häufige Zusammenarbeit eine sehr starke Ladung und Prägung. Das heißt: Von ihrem Potential her sind zum Beispiel eine Nixe, ein Zwerg und ein Salamander gleich, – durch die Prägung, über ihre Anrufung und über das morphogenetische Feld haben sich ihre Qualitätszuordnungen verstärkt, hat sich eine Kraft aufgebaut, so daß es zum Beispiel nicht sinnvoll ist, in einem vertrockneten Gebiet die Kräfte des Salamanders zu bitten, es regnen zu lassen, es könnte dort ein Brand entstehen. Laßt uns die Kräfte des Blauen Volkes nicht unterschätzen – sie sind nicht nur niedlich und süß, wie wir sie in unseren Büchern gerne darstellen; es sind Naturgewalten.

Es ist wichtig, daß das Vertrauen in unsere eigene Wahrnehmung wächst, denn Kommunikation findet ohnehin statt – es geht um die bewußte Kommunikation mit dem Blauen Volk. Es kann niemanden geben, der nicht von dem Volk der Kleinen Leute berührt wird, denn die Reiche durchdringen und überlappen sich auch jetzt. Es gibt Städte des Blauen Volkes in unseren Städten, Dimensionstore, durch die man innerhalb der Stadt sozusagen die Stadt wechseln kann, und je mehr wir uns der fünften Dimension nähern, um so mehr werden wir dieses entdecken und erleben. Dies wird vor allen Dingen auch mit unserem physischen Körper geschehen, wenn die Schwingung hoch genug ist,- jetzt ist es meist nur mit unseren feinstofflichen Körpern in Trancereisen und Träumen möglich.

Zum leichteren Umgang und zum Verständnis unserer Mentalkörper möchte ich eine kleine Zuordnung der einzelnen Wesen und ihrer Aufgabengebiete geben.

Die Zwerge und Gnome sind für materielle, irdische Angelegenheiten zuständig. Sie helfen bei der Gartenarbeit und bewahren Informationen über Steine, über die Zusammensetzung der Erde, die Versorgung der Pflanzen mit Nährstoffen und ähnliches. Sie werden aus der Engelebene von Raphael unterstützt, dem Engel der Heilung und der Erde.

Die Feen und Elfen gehören zum Element Luft. Ihr Sein ist die Leichtigkeit, der Tanz, das Spiel mit Blättern, Haaren und Tönen, manche erfreuen sich auch besonders an lauter rhythmischer Musik oder an den Tönen, dem Geplapper und Singsang von kleinen Kindern. Ein besonderes Aufgabengebiet ist die Reinigung und Klärung, und wenn in Innsbruck der Föhn bläst, sind sie gerne mit dem Engel Gabriel unterwegs und durchpusten unsere feinstofflichen Körper.

Die Salamander sind die Wesen des Elements Feuer, das sie bewahren. In anderen Kulturkreisen werden sie auch völlig anders dargestellt. Ihr Verbündeter aus dem Engelreich ist Uriel, der Hüter der Flamme der Transformation.

Dem Element Wasser werden die Sylphen und Nixen zugeordnet. Sie dienen dem Fließen und allem, was damit zu tun hat. Ihnen zur Seite steht Michael, der Engel des Wassers und des Durchflusses.

Ich möchte auch noch den Begriff *Landschaftsengel* erwähnen: diese Wesenheiten entstehen durch eine Vermählung der Reiche. Ein großer, weiter oder auch hoher Deva verschmilzt mit einer Engelform, die wir als „niedrig" bezeichnen könnten. Dieser Landschaftsengel hat dann die Obhut über einen großen Landschaftsteil und verbindet die einzelnen Ebenen des Blauen Volkes und andere Bewußtseinsebenen und Energien miteinander.

All diesen Reichen wird in spirituellen Schulungen oft zu wenig Raum gegeben. Aber diese Wesenheiten haben einen großen Anteil am Erhalt von Gaia und all ihren Erscheinungsformen, und so ist es wichtig, daß wir uns mehr mit ihnen verbinden und zusammenarbeiten, zum Wohle des Ganzen und zur Harmonisierung aller Bereiche.

Eine gute Einstiegspforte dazu ist Kiria Deva, denn durch diese Deva-Energie, die dem Blauen Volk bekannt ist, können wir Verbindungsbrücken zu diesen Wesenheiten schaffen. Wir werden dort fulminante Erfahrungen machen, die auch dreidimensional bedeutend sind. Das würde auch Energien des Zweifels in unseren Systemen erlösen, wie uns Lady Nada in einem Gespräch versprochen hat.

Diese Welt des Kleinen Volkes ist ein Zwischenreich. Die Trennung der Reiche geschah beim Untergang von Avalon. Die Priesterinnen vom See hatten ihr Wissen über das Kleine Volk mit dem Blauen Halbmond entwickelt und als Ausdruck der Verbindung einen blauen Halbmond auf ihrer Stirn eintätowiert.

Zu dieser Zeit gab es auch genetische Vermischungen zwischen Menschen und dem Kleinem Volk, die Information darüber ist noch in mancher DNS gespeichert. Jetzt ist die Zeit der Heilung von Trennungen, und es wird wieder eine Annäherung der Reiche geben, die sich wieder vermischen und so auch diese Trennungsillusion durchlichten werden. Wenn ihr Dienst beendet ist, was individuell verschieden ist, kehren sie in ihre Heimat zurück und werden dort neue, andere Aufgaben erfüllen.

Und nun zur Zusammenarbeit mit dem Blauen Volk. Wie schon gesagt, ist die Schwingung von Kiria Deva diesen Wesenheiten bekannt und somit ein guter Vermittler zwischen den Ebenen. Das Kleine Volk kann zur Mitarbeit nicht gezwungen werden, sie machen freiwillig mit oder gar nicht, da sie die Möglichkeit haben, auch nein zu sagen. Sie wollen gebeten werden, sind aber in der Regel zu einer Zusammenarbeit bereit und wünschen sich auch einen Austausch für ihr Tun. Als Dank und Anerkennung möchten sie auf ihren Plätzen gerne Gaben wie Wein, Tabak, Süßigkeiten und andere Dinge. Hier ist es wichtig, daß du auf deine Wahrnehmung vertraust, denn es können auch für unser

Verständnis „unsinnige“ Dinge sein, und es ist wichtig, das zu respektieren und zu erfüllen. Wein, Süßigkeiten und dergleichen werden energetisch verzehrt. Bitte anschließend nicht selbst trinken oder essen, denn es ist ein Geschenk an das Blaue Volk.

Wenn man Disharmonien in seiner Umgebung fühlt, nimmt man je nach der Thematik, um die es geht, Verbindung zu den jeweiligen Wesenheiten auf und bittet sie um Mithilfe bei der Bearbeitung. Das Blaue Volk arbeitet gerne mit Kristallen, vor allem wenn sie mit der Energie ihres Geschwisters Kiria Deva geladen sind, und stellt diese dann den Pflanzen, Tieren oder der ganzen Landschaft zur Verfügung.

Man kann zum Beispiel einen Zwerg beauftragen, Kiria Deva-Schwingung für das Wachstum von Pflanzen einzusetzen, aber auch für den Einklang, die Harmonie in einem Garten. Die Zwerge oder Elfen sind die ausführende Energie, und Kiria Deva ist das Potential, das ihnen zur Verfügung gestellt wird. Auch hier geht es um intuitives Erspüren der Dauer und Anzahl der Bearbeitungen und des Austausches, den die Helfer gerne dafür hätten.

Laßt uns das Wissen des Blauen Volkes nutzen, um über Kiria Deva Tiere und Pflanzen zu heilen und auch auf diesen Ebenen die schmerzhaften Erfahrungen seit der Zeit von Atlantis im Kollektiv herauszulösen.

In Kristalle kann man auch gemeinsam die Energie eines Vertreters des Blauen Volkes in einer bestimmten Qualität und die Information von Kiria Deva einspeisen, wobei die Energie von Kiria Deva zu ihrem Potential der Heilung auch einen Verschluß, eine Versiegelung, darstellt.

Die Energie des Blauen Volkes kann auch sehr gut zur Heilung von Kristallen eingesetzt werden:

Man bittet den Zwerg, den Kristall in die Hände zu nehmen. Dieser streicht so lange über diesen Stein, bis ein Klangmuster entsteht, das dem Stein wieder die Möglichkeit gibt, sowohl im energetischen als auch im molekularen Sein geheilt zu werden. Und auch wenn der Stein erschöpft ist, kann er auf diese Art und Weise energetisiert werden.

Das Blaue Volk ist auch gerne behilflich, die Farben der fünften Dimension, auf die ich später noch näher eingehen werde, aus speziell programmierten Kristallen wie an Fäden herauszuziehen und diesen Menschen oder anderen Wesen zur Harmonisierung und Heilung zur Verfügung zu stellen.

Manche Wesenheiten des Blauen Volkes sind in kristallinen Energien gebunden und können über die Energie von Kiria Deva erweckt werden.

• WESEN DER INNER ERDE

Inner Erde ist ein Begriff, der den Lebensraum von Wesenheiten des Blauen Volkes als auch von Sternenfahrern umfaßt, die auch dreidimensional sein können, während das Blaue Volk in einer feineren Ebene schwingt. In diesem Kapitel möchte ich mich auf die Sternenfahrer beschränken.

Diese menschenähnlichen Wesen leben nicht deshalb unter der Erdoberfläche, damit sie nicht entdeckt werden, sondern weil sie eine spezielle Atmosphäre brauchen, eine spezielle Wärme, eine gewisse Feuchtigkeitsstruktur, und weil sie diese Bedingungen auf der Erdoberfläche nicht finden. Deshalb haben sie sich in das Innere der Erde zurückgezogen. Ihre Aufgabe ist es, die Energie der Materie zu bündeln und zu halten. Diese Volksgruppen gibt es auf vielen Planeten dieses Sonnensystems im Inneren der Planeten, um dort die Kräfte zu lenken. Es sind Wesen, die sehr stark in Liebe mit dem betreffenden Planeten verbunden sind und die Kräfte in diesem Planeten würdevoll und liebevoll lenken. Das, was wir oftmals als UFO-Phänomen bezeichnen, sind teilweise Transportschiffe, die diese Inneren Städte mit den Nährstoffen und Mineralien versorgen, den Stoffen aus ihren Heimatgefilden, die sie benötigen, um hier existieren zu können.

Ein Vertreter dieser Inner Erde Wesen sind die Thelos: Der Eingang zu ihrem Lebensraum befindet sich in der Nähe von Mount Shasta. Sie sind Sternenfahrer, die in Volksgruppen im Inneren dieses Gebirges leben und eine ätherischere Form des Körpers im Vergleich zu uns Menschen angenommen haben. Diese Form hat eine Anbindung an die fünfte Dimension. Der Rat der Alten hütet dort Wissen seit dem Anbeginn der Erschaffung der Erde.

Diese Bewußtseinsfunken haben sich bereit erklärt, in den Tiefen dieser Erde zu leben, um hier in Zusammenarbeit mit anderen Wesen darauf zu achten, daß im Erdinneren ein lichter Fokus erhalten bleibt, der bei Zeiten wieder mit der Erdoberfläche Kontakt aufnimmt, um hier eine Einheit zu schaffen zwischen dem Inneren und dem Äußeren der Erde, damit sich die Völker wieder in Liebe und Einheit und Zusammenarbeit verbinden können. Sie achten darauf, die Energien im Erdinneren konstant zu halten, der jeweiligen Schwingung unseres Erdensterns angepaßt.

Ein Besuch bei den Thelos ist möglich, wenn ihr lernen möchtet, wie Substanzen zusammengefügt werden, um Pflanzen und Tiere auf der Erdoberfläche entstehen zu lassen. Sie sammeln und teilen jetzt dieses Wissen wieder mit, da ein erneutes Bündnis geschaffen werden soll. Sie sind ein Volk mit männlichen und weiblichen Energien, wobei sie sehr mit sich im Einklang sind und das andere Geschlecht mitschwingt, auch wenn sie sich für den Körper eines Geschlechts entschieden haben.

Sie können Elektrizität über die Kraft der Kristalle herstellen, und sie haben sehr viel atlantisches Wissen und leben und arbeiten auch damit.

Ein Beispiel ihrer Arbeit ist der Umgang mit den Klängen, um dadurch die Erdachsen konstant zu halten. Auch das ist angepaßt an die jeweilige Schwingung, die auf unserem Erdenstern vorherrscht. Sie richten die Aufforderung zur Zusammenarbeit an uns, um uns zum Beispiel das Verständnis zu lehren, wie gewisse Substanzen ineinander fließen müssen, um eine Einheit zu bilden. Sie haben uns gebeten, dieses Wissen auch über den *Lichtgarten* hinauszutragen, um das Reich des Friedens zwischen den Völkern und Rassen auf allen Ebenen entstehen zu lassen, das heißt: wir werden sie wiedersehen, und der Austausch wird wieder in Liebe und Leichtigkeit geschehen.

Ein anderes Beispiel für Wesenheiten der Inner Erde sind die Natchos, die sich im Bereich der Anden, in der Nähe von Machu Picchu, niedergelassen haben.

Im Jahr 1987 war ich für zwei Monate in Peru und Bolivien, um die faszinierende Landschaft und auch die Überreste der Inkas und anderer Kulturen zu bewundern und zu genießen. Sehr beeindruckt haben mich die Nasca-Linien, die ich mir allerdings nur im Modell des Museums von Icod angesehen habe, und, wie könnte es anders sein, Machu Picchu, die einzige, von den Spaniern nicht entdeckte und nicht zerstörte Stadt der Inkas.

Was mir von dieser Reise aber am tiefsten in Erinnerung blieb, ist der durchdringende Blick eines Menschen in Cusco, der alten Hauptstadt der Inkas. Ich saß mit meinem Freund auf den Treppen des Hauptplatzes, das emsige Treiben von Händlern und der Menschen in ihren farbenprächtigen Gewändern beobachtend, als plötzlich, wie aus dem Nichts, ein hochgewachsener, dunkelhaariger Indianer, wie man ihn sich in Nordamerika vorstellen würde, vor mir stand. Er sah mir tief in die Augen, und seine Botschaft war ganz klar: Wir werden uns wiedersehen; aber die Zeit ist jetzt noch nicht reif (Dazu möchte ich sagen, daß meine Wahrnehmung damals noch nicht sehr geschult war, die telepathische Kommunikation mit diesem Menschen allerdings wunderbar funktionierte.). Und wie vom Erdboden verschluckt, war er auch schon wieder verschwunden.

Meine erste Trancereise zu diesem Volk machte ich dreizehn Jahre später. Dabei traf ich diesen Mann wieder, der mich auf versteckten und verschlungenen Wegen zu seinem Volk brachte. Sie leben gut getarnt in den Regenwäldern in einer sehr harmonischen Kollektivgemeinschaft. Der Rat der Weisen trat zusammen und beratschlagte, ob ich jetzt so weit wäre, das Wissen um Heilungs- und Kristalltechniken anzunehmen und der Öffentlichkeit zugänglich zu machen. Sie beschlossen, mich zunächst in meiner Traumarbeit noch etwas vorzubereiten und mir dann weitere Schritte mitzuteilen. Erfreut und doch auch etwas betrübt, nicht alles und sofort mitnehmen zu können, verabschiedete ich mich.

Hilarion erklärte mir durch Ava folgendes:

Diese Menschen (die Natchos, wie ihre Schwingung eventuell zu übersetzen wäre) wohnen aber nicht in den Höhlen in der Inner Erde, sondern versteckt in den Wäl-

dern und sind Hüter des Wissens. Sie sind Menschen oder sagen wir so: Es ist Sternensubstanz in menschlicher Form. Es ist aber ein Volk, das die Evolutionslinie der Menschen übersprungen hat und hier in einem menschlichen Körper ist. Es hat in einem gewissen Sinne diese Hülle gewählt, um hier sein zu können, ohne allerdings den Inkarnationszyklus zu durchlaufen, wie es für Menschen üblich ist. Du könntest es in einem gewissen Sinne mit einer Erstinkarnation vergleichen.

Diese Wesenheiten haben es sich zur Aufgabe gemacht, auch das Heilwissen und vor allen Dingen auch das Kristallwissen aus den Ebenen von Atlantis zu bewahren. Und es geht hier auch darum zu erkennen, daß die Kristallschädel eine Verbindung zu diesem Volke haben, und ein Schlüssel für die Entschlüsselung dieser Kristallschädel auch in den Händen dieses Volkes liegt, denn diese Kristallschädel haben mehrere Ebenen des Wissens, und eine Ebene dieses Wissens kann über die Verbindung mit diesem Volk entschlüsselt werden.

Es ist wichtig, daß das Bewußtsein wächst, daß wir nicht die einzigen Wesen sind, die hier auf dieser Erde leben, sondern daß es Sternenfahrer gibt, die auf Gaia wohnen, auch in einer grobstofflichen Form, die auch atlantisches Wissen nutzen. Dieses Wissen wurde bis jetzt im Verborgenen gehalten, aber sie möchten es mit uns Menschen teilen.

Kiria Deva ist ein Bewußtsein der Kommunikation und der Vermittlung, die alle Ebenen miteinander verbinden kann, wenn wir es möchten. Es obliegt nicht der Entscheidung von Kiria Deva, welche Ebenen miteinander verbunden werden, sondern es ist unsere Entscheidung. Kiria Deva beschreibt sich als Schaltpult, in das wir die Stecker stecken und die Verbindungen herstellen, wodurch wir aus der Vielzahl der Möglichkeiten wählen können und so ihre Energie lenken.

Und so wie das Volk der Thelos und der Natchos gibt es noch andere Sternenfahrer auf diesem Erdenstern, die jetzt bewußt wieder miteinander verbunden werden können. Zwischen allen darf Kommunikation Raum nehmen, zum Wohle aller Beteiligten und zur Lösung aller Trennungsenergien. Die Zusammenarbeit sollte bewußt gestaltet werden, und die Energie von Kiria Deva ist uns dabei behilflich, denn nur als geeintes Kollektiv werden wir den leichten und liebevollen Aufstieg in die fünfte Dimension kreieren.

• MUTTER ERDE

Die Energie von Kiria Deva kann auch zur Heilung von Gärten, ganzen Landstrichen oder Ländern eingesetzt werden. Eine Möglichkeit ist die Aufstellung eines Mandalas, wie ich schon in einem vorherigen Kapitel erwähnte. Man schreibt den Namen des Ortes auf ein Blatt Papier oder nimmt eine Landkarte, stellt die Kristalle in Form eines Kristallkreises rundherum auf und bittet Kiria Deva zum Beispiel, die Disharmonien eines Unglücks aus den Ebenen dieser Gegend zu reinigen und zu klären und um das Einspeisen von Leichtigkeit oder die Kraft des Annehmens.

Zur Harmonisierung von Trennungsenergien zwischen Ländern oder auch zum Beispiel zwischen der Nord- und der Süd-Halbkugel unserer Erde kann Kiria Deva-Energie über Gitternetze, die mit unserem Meridiansystem vergleichbar sind, um die Erde geleitet werden. Auch hier ist die Mithilfe des Blauen Volkes ratsam, denn sie kennen sich auf dieser Ebene besonders gut aus; und in Zusammenarbeit erreichen wir vieles leichter und rascher.

Kiria Deva ist als Kristallwesenheit sowohl ein Kind der Inner Erde als auch ein Kind der Ober Erde und verbindet so beide Bereiche. Deshalb können wir mit ihrer Energie in die Tiefen der Erde hineinleuchten, zum Beispiel über die Gräben, die sich rund um den Pazifik befinden. Das bringt Licht in die innere Erde, und einige Wesen, die dort schlafen, können erwachen, und andere erfahren und wissen dadurch, daß nun die Zeit reif ist, an die Oberfläche zu kommen und mit uns gemeinsam Heilung auf allen Ebenen vorzunehmen.

Zu den Gräben im Pazifik gab uns Kiria Deva auch die Anregung, sie in unseren Meditationen oder Trancereisen zu besuchen, um von dort bestimmte Qualitäten und Wissen abzuholen.

Nun möchte ich euch einige dieser Orte auf unserem Planeten kurz vorstellen und sie beschreiben:

Der wohl bekannteste ist der Andreasgraben in Kalifornien. Er stellt eine wichtige Verbindung zur Ebene von Hyperborea dar, ist aber noch sehr in der Entwicklung, was sich durch Spannung, Unruhe und auch Erdbeben äußern kann. Wenn sein volles Potential erreicht ist, wird er die Kraft des dunklen Grüns der Heilung nach ganz Amerika ausstrahlen. Über den Graben kannst du einen Tempel von Hyperborea, einen Tempel der Heilung, aufsuchen, der vor allem Disharmonien der männlichen und weiblichen Geschlechtsorgane segnet, aber auch allgemein Heilkraft zur Verfügung stellt.

Der Aleutengraben liegt unterhalb der Beringstraße, südlich von Alaska und Kamtschatka. Er bildet eine Verbindung nach Mount Sashta und damit zum Volk der Thelos und ihrem Wissen über Freie Energie, Tachyonen und generell neue Technologien. Wenn dich diese Themenbereiche interessieren, kannst du ihn nutzen.

Der Philippinengraben östlich der Inselgruppe bringt uns eine Verbindung zum Bewußtsein des Reichtums der Erde, des Füllebewußtseins der Erde. Geht hinein und nehmt an: Nichts weiteres ist dort zu tun, nur die Fülle einzuatmen, aufzunehmen und zurück in den Alltag zu bringen.

Als letzten möchte ich noch den Alcamagraben vor der Küste von Südamerika erwähnen. Über diesen Graben kommt man unter die Anden und kann dadurch Wissen über den Ursprung dieser Kulturen abrufen. Er hilft uns, "Heimat" zu finden, sich auf diesem Erdenstern zu Hause zu fühlen und Wurzeln zu verankern. Dort findet sich eine sehr liebevolle Schwingung, die uns mit den kosmischen Ahnen verbindet, mit den Ahnen der gesamten Menschheit, nicht mit den biologischen Ahnen. Man kann auch mit Klienten dorthin reisen, um ein Feld des Wohlfühlens und des Vertrauens aufbauen und dann in dieser Energie eine Heilsitzung machen.

Der lichte Fokus von Atlantis bedeutet, Energien und Qualitäten in die Einheit zu bringen. In dieser Einheit sind Fülle, Reichtum, Heilsein, Mitschöpfertum "normal". Deshalb gibt es jetzt viele Möglichkeiten, Einheit wieder zu erfahren, so daß jedes Wesen den Weg gehen kann, den es möchte. Deshalb arbeiten wir mit verschiedenen Methoden und weisen unterschiedliche Möglichkeiten auf, damit jeder das für sich herausfinden kann, was ihm Einheit bringt.

Jede Heilungsarbeit, die wir für uns Menschen oder für einen anderen Bereich von Wesenheiten auf unserer Erde vornehmen – seien sie grob- oder feinstofflicher Natur – bedeutet auch Heilung für Mutter Erde. Jede Schwingungserhöhung in uns und um uns wirkt sich auch auf unsere Erde aus und die Verbindung von Energien. Jede Lösung von Trennung hilft Mutter Erde und uns beim Aufstieg in die fünfte Dimension, da alles eins ist. Ein weiterer Aspekt, eine weitere Nuance dieser Einheit sind die Farbschwingungen der fünften Dimension, die unser Vorstellungsvermögen fördern und fordern.

KIRIA DEVA UND FÜNFDIMENSIONALE FARBEN

Über Farben, ihre Schwingungen und Wirkung in der dritten Dimension gibt es sehr viel Literatur, und somit möchte ich nun auf das Neuland eingehen, das diese Ebene für wohl alle von uns bedeutet.

Die fünfdimensionalen Farben entsprechen sehr der Farbschwingung von Auren, es sind sehr ätherische Farben, leuchtende, aus sich heraus strahlende Farben, und es ist eigentlich nicht möglich, sie mit unseren Worten zu beschreiben, sie zu erklären. Es gibt keine Übersetzung in Form von Bildern in der dritten Dimension, am nächsten kommt die Schwingung der Farbe eines Blitzes, der bei Oberleitungen einer Straßenbahn oder eines Zuges so elektrisch-blau leuchtet. Dennoch sind sie erfahrbar und erlebbar, wenn man sich auf die Schwingung einläßt und sich erlaubt, sie mit den Sinnen der feinstofflichen Wahrnehmung zu spüren, in sie einzutauchen. Auf dieser Bandbreite der Farbempfindung gibt es 49 verschiedene Farben, von denen wir in der dritten Dimension nur die Entsprechung der sieben Farben unseres Regenbogens wahrnehmen können.

Die Begriffe, die Bezeichnungen der Farben sind eine Annäherung, eine Richtlinie, die wir haben, um damit arbeiten zu können und sie irgendwie zu erfassen. Wenn du mit den fünfdimensionalen Farben arbeitest, wirst du erkennen, daß es keine klar abgegrenzte Farbe mehr gibt. Es ist ein Eins-Sein.

Die fünfdimensionalen Farben haben oft eine andere

Aufgabe als unsere bekannten Farben, weil wir in der fünften Dimension auch anders Erfahrungen sammeln und deshalb der Einsatz von Farben nicht so linear ist, wie es jetzt bei uns noch der Fall ist.

Die Farbakupunktur in unserer Dimension arbeitet mit einer klaren Farbe, und ist eine wunderbare Form der Behandlung. Das ist in der fünften Dimension nicht mehr nötig, denn wir arbeiten dort auf vielen verschiedenen Ebenen gleichzeitig. Teilweise tun wir dieses bereits jetzt, jedoch mehr oder weniger unbewußt. Und trotzdem sind wir in unserer Arbeit noch sehr linear. Deshalb ist diese Beschreibung lediglich eine Annäherung. Bitte haltet euch nicht zu sehr daran fest, seht es als Einstieg, als Hineinspüren in eine neue Dimension, als Erinnerung an Vergessenes.

Die Grundtöne der Farben der dritten und der fünften Dimension bearbeiten ähnliche Thematiken, jedoch auf verschiedenen Ebenen. Und das ist die Basis, auf der dann andere Farbnuancen aufbauen. Es ist auch gut, wenn man sozusagen die Farben der dritten Dimension mit den Farben der fünften kombiniert. Es ist für unsere noch dreidimensionalen Körper von Wichtigkeit, da auch hier mit Verbindungen des alten und des neuen Wissens gearbeitet wird. Das ist auch ein Grund, warum es sehr hilfreich und von Vorteil ist, "normale" Kristalle und auch solche, die eine fünfdimensionale Schwingung enthalten, einzusetzen. Das ist auch eine Empfehlung der geistigen Welt. Durch das Miteinbeziehen von Kristallen mit fünfdimensionalen Farben bereiten wir unser gesamtes System auf diese Schwingung vor, die wir auf unserem Weg nach Hause wieder erfahren werden.

Für die Energetisierung mit diesen Farben benötigen die Kristalle zuerst eine Vorbereitung: die Anhebung ihrer Schwingung mit der Energie von Kiria Deva. Erst dann ist der Speicher sozusagen aufnahmebereit und fähig, diese Frequenz in sich aufzunehmen. Auch diese Energetisierung geschieht in der Lichtsäule unseres Zentrums, wobei mehrere Faktoren dabei eine wichtige Rolle spielen. Ein energetisches Konstrukt umschließt das gesamte Grundstück, dessen Schwingung vor der Energetisierung soweit angehoben wird, damit dieser Prozeß überhaupt vonstatten gehen kann. Auf mein Ersuchen wird über die Verbindung zum Ashtar-Kommando, einer Ebene der Raumbruderschaft, eine Sonde mit der Information dieser Farben ins morphogenetische Feld gesandt und über einen Schutzmantel in die Lichtsäule geleitet. Hier liegen die Kiria Deva Kristalle auf einem Regenbogenobsidian und werden in ihrer Struktur neu transformiert und erhalten dadurch die Farbschwingung meiner Wahl. Durch diesen Vorgang wird fünfdimensionale Energie innerhalb der Kristalle verankert, die dadurch ein noch stärkeres Bindeglied zwischen den Dimensionen sind.

Wenn man fünfdimensionale Farben über das eigene System, den eigenen Kanal zu einem Mitmenschen, zu Tieren oder Pflanzen lenkt, verändern sie die Schwingung. Sie werden durch den Kanal, der sie lenkt, transformiert und sind dann keine fünfdimensionalen Farben mehr. Dennoch ist es sinnvoll, dieses immer wieder zu tun, denn auch das fördert die Verankerung der fünften Dimension und verbindet uns mit dieser.

Ich möchte dir anhand eines Beispiels einen Einblick in dieses sehr umfangreiche und aufregend neue Themengebiet geben. Die Farbe Rot als Grundschwingung unseres Basiszentrums, als Symbol für die Verbindung mit Mutter Erde, für das Vertrauen in die Evolution, unterteilt sich sozusagen in fünfdimensionaler Schwingung auf in

- das **feine, durchstrahlende, dunkle Rot**, was das Einverstandensein mit der Erde durch die verschiedenen Epochen und Tore hindurch bedeutet. Es steht für die Liebe zur Materie, zur Form, zur Grobstofflichkeit, zum Mitschöpfertum. Das heile Atlantis war stark im diesem Fokus des Mitschöpfertums, der Liebe zur Materie.
  Der andere Aspekt des Rots ist
- das **helle, strahlende Rot.** Dieses steht für den Tanz der Freude, für den Tanz des Lebens. Aus der Liebe, aus dem Vertrauen erwächst der Tanz, die Energie, mit der du im Leben nach außen gehst.

Diese Grundschwingung des feinen durchstrahlenden und dunklen Rots kann sich nun mit Silber und Gold vermischen. Dadurch ergibt sich eine neue Farbe, die aber keine

Mischfarbe ist, sondern die Qualität einer eigenen Farbe hat, wie sie in unserem Regenbogen dargestellt ist. Diese Farben an sich haben folgende Grundenergie:

- **Silber:** Es ist eine schillernde und schwingende Farbe, eine Energie, die sehr empfänglich, rezeptiv ist, gleichzeitig aber auch Bewegung bringt. Sie ist ein Ausdruck der dynamischen Rezeptivität.

- **Gold:** Dieses gibt es in drei Abstufungen und Nuancierungen, die aber noch nicht in Worte übersetzbar sind. Sie werden in absehbarer Zeit sichtbar und dadurch erkennbar sein. Das Gold ist Ausdruck der empfangenden Dynamik, Ausdruck des Solaren Seins. Gold bringt dich nach außen und öffnet dich, aber stärkt dich auch in dir, und du kannst über Gold auch Ruhe in dir finden, in deine Kraft kommen.

Als Verbindung dieser beiden Grundschwingungen entsteht dann das

- **dunkle Rot in Verbindung mit Silber:** Liebe zur Materie verbunden mit der Kraft der Aufnehmens, mit der du die Empfänglichkeit in deinem System für die Liebe zur Materie erhöhst.
  Und das
- **dunkle Rot in Verbindung mit Gold:** Liebe zur Materie, die im tätigen Tun einen Ausdruck findet. Es er-

leichtert, die Liebe und das Tun, die Liebe und die Weisheit in der Kraft miteinander zu verbinden.
Es trägt zur Aussöhnung mit dem männlichen Prinzip bei oder hilft, in den Einklang zwischen rezeptiver und dynamischer Kraft zu kommen

Als Übung mit diesen zwei Farben wurde uns empfohlen, einen rot/goldenen Stein in der linken und einen rot/silbernen Stein in der rechten Hand zu halten und nach einer gewissen Zeit die Steine auszuwechseln. Spürt hinein, wie die Farben wirken, und ihr werdet merken, wann es Zeit zu wechseln ist. Dies könnt ihr so lange fortsetzen, bis ein Ausgleich geschaffen wurde, ein Ausgleich zwischen Links und Rechts, zwischen Empfangen und Geben, zwischen unserer rezeptiven und der dynamischen Kraft in uns. Dies wird dir behilflich sein beim Nachaußengehen mit deinen eigenen Fähigkeiten.

Durch diese Vermischungen und durch weitere einzelne Grundfarben ergibt sich die große Vielzahl an Farben, die aber, wie gesagt, eigentlich nicht zu trennen sind.

Kiria Deva lehrte uns, daß bis zu drei dieser Farben in einem Kristall speicherbar sind und diese sich dadurch auch in ihrer Kraft potenzieren. Als Beispiel für solche Farbkombinationen möchte ich dir drei meiner Lieblinge vorstellen.

- **Silber-Gold Kombination:** Diese ist eine Symbol für den kosmischen Menschen, und die Energie dieser

Gold/Silber Kombination fließt auch in die feinstoffliche DNS ein. Wenn du diesen Stein trägst, werden hier diese Erinnerungsspeicher geöffnet, die dann bei der Öffnung deiner physischen DNS kurzgeschlossen werden. Es ist ein Symbol deiner Einheit, die absolute Harmonie der rezeptiven Dynamik und der dynamischen Rezeptivität, die Einheit des Solaren Seins. Es ist das Auge von AN und somit ein wunderbares Geschenk.

- **Orange-Silber Kombination:** Diese Farbkombination bringt Heilung der männlichen und weiblichen Sexualität und damit der Lebensfreude. Sie löst Siegel und Blockaden im Bereich des zweiten Chakras, damit das Potential der Schöpferkraft frei von Machtmißbrauch, aus reiner Lust und Freude an der Erschaffung in der dritten Dimension, genutzt werden kann. Diese Farben lösen die Hemmungen vor dem Manifestieren, befreien von Schuld und Scham.

- **Helles Gelb-Smaragdgrün** hilft bei der Öffnung und Heilung von Herz und Solarplexus und bei ihrer Verbindung, schenkt Vertrauen in die eigene Kraft und in die Weite, hilft beim Durchbruch in der Energie des nach Außengehens. In der Verschmelzung von Weisheit und Liebe entsteht der Mut, dieses nach außen zu tragen.

Alle diese Kombinationen sind sehr wichtig für die heutige Zeit, und diese Beispiele sind nur ein kleiner Ausschnitt aus einer langen Liste, die immer wieder aktualisiert wird. Wie bei jeder Regel gibt es auch bei diesen Farbkombinationen eine Ausnahme: Man kann nämlich auch alle neunundvierzig fünfdimensionalen Farben in einem Kristall erwecken und ihn mit diesen Farben programmieren. Dies ist dann der von mir so genannte

- **fünfdimensionale Regenbogenkristall**, in dem die Einzelschwingung der Farben nicht so intensiv ist, dafür trägt er die Fülle in sich. Diese Kristalle eignen sich besonders zum Einfluten bei Traumata, um die Verhärtungen, die Blockaden, aufzulösen. Diese Kristalle sind verstärkt an Serapis Bey angebunden, sie bringen Licht herein, werden empfohlen bei Klärungsarbeit, um Blockaden zu lösen, gestaute Energien auseinanderzuziehen und sie neu zusammenzusetzen. Sie eignen sich zum Lösen von verhärteten kristallinen Strukturen aus dem Knochenmark. Sie ähneln der Grundschwingung von Kiria Deva, nur haben sie das gesamte Farbspektrum der Farben der fünften Dimension noch in sich.

Die geistige Welt empfahl uns folgende Übung:

Nimm einen Kiria Deva-Stein, der mit den Farben des fünfdimensionalen Regenbogens programmiert ist, und stelle diesen einem Zwerg zur Verfügung. Beauftrage und bitte ihn, daß er die Strahlen des Regenbogens lenkt und leitet, das heißt, er erschafft dann durch Farbenergiefäden ein Feld der Heilung, ein Feld der Farben. Dieses kann für die Heilung von Pflanzen und Tieren eingesetzt werden, die sich sehr schnell erholen können.

Diese Form der Mithilfe des Blauen Volkes kann auch bei der Behandlung von anderen Menschen eingesetzt werden und ist am Anfang einer Einzelsitzung sehr hilfreich, denn sie führt zu einer wunderbaren Entspannung und Öffnung vor allem des Emotionalkörpers. Ein weiterer Aspekt dabei ist es, daß man seine eigene Aufmerksamkeit dann gezielt auf etwas Konkretes richten und den Teil der Entspannung und Öffnung abgeben kann. Das gesamte System deines Mitmenschen wird dadurch genährt, aufgefüllt und mit der Schwingung der fünften Dimension erhöht.

Farben und Töne hängen sehr eng zusammen, wie man schon in den Worten Farbton oder Klangfarbe spürt, und so möchte ich das nächste Kapitel über die Töne mit einer Übung beginnen, die beide vereint.

KLÄNGE

Kiria Deva erzählte uns über eine Farbe und tauchte mit uns nahtlos in eine Übung ein:

Das ***Sonnengelb*** *ist die Freude und das fünfdimensionale warme Strahlen, das einer Zitrone gleicht, aber wisset, es ist sozusagen nicht eine Zitrone, die das Gesicht verzieht, wenn man hineinbeißt, sondern es ist eine süße Zitrone. Die Freude ist eine süße Energie, und deshalb ist es trotz der Spritzigkeit auch, trotz der Helligkeit, trotz der Klarheit, die enthalten ist, eine warme Freude, die ich euch lehren möchte, die ich verankern möchte. Es ist eine Freude jenseits der Bewertung, es ist eine Freude aus der Freude heraus. Es ist so etwas wie eine stille, innere Freude. Das bedeutet nicht, daß sie leise sein muß, das bedeutet nicht, daß sie klein ist. Eine Freude, die in euch ruht, in euren Zellen ist, die hier wieder verankert werden kann. Ich möchte, daß ihr diese Freude in jeder Zelle wieder verankert, so daß all eure Systeme, all eure Körper, in dieser Freude schwingen können.*

Ich möchte, daß ihr auch über das fünfdimensionale Gelb arbeitet und zwar, indem ihr es wirklich einladet, in einer Zelle Raum zu nehmen, und hier ist es wunderbar, wenn ihr eine Zelle aus eurer rechten Gehirnhälfte nehmt, denn dort ist es am leichtesten, diese Energie einzuspielen; von hier aus kann sie sich am schnellsten in eurem System ausdehnen.

Diese Freude war es auch letztendlich, die Atlantis zur Blüte brachte, es war diese Freude, die die Atlanter motivierte zu erkennen, zu erforschen, zu wissen. Es ist eine Freude des Herzens, die keine Begrenzung hat, es ist eine Freude am Sein, eine Freude an der Freude, wie ich bereits sagte, und diese möge wieder Raum nehmen, diese möge wieder verankert werden im morphogenetischen Feld.

Die Freude, die hinweggeht über Grenzen, über Länder, die sozusagen interdisziplinär ist, die interdimensional ist. Bitte erlaubt, daß diese Freude spürbar wird in eurem Sein; erlaubt, daß diese Freude Raum nimmt in euren Herzen, und erlaubt, daß diese Freude es ist, die euch lenkt und leitet. Erlaubt, daß diese Freude euch durchfluten möge bei allem, was ihr berührt, was ihr tut, was ihr denkt und was ihr aussendet. Dies ist die Freude des neuen Morgens, dies ist die Freude des Neuen Zeitalters, dies ist die Freude des solaren fünfdimensionalen Gelbs, das ich euch schenke, das ich hineinsenke in eure Systeme, hineinlenke in dieses Haus, in diesen Lichtgarten. Und diese hat auch einen Ton, diese Freude, diese hat einen individuellen Ton, der in jedem System anders klingt. Dieses hat aber auch einen allgemeinen Ton, dieser Ton, möchte ich sagen, ist ein Ton, den ihr übersetzen würdet mit dem AUM, das ihr kennt, mit diesem Mantra ist es verbunden, und, bitte, dieses ist ein allgemeines kollektives AUM, das in euch den individuellen Ton erzeugt, der in Verbindung ist mit eurem individuellen Verankern dieser Schwingung in euren Zellen. Und dies ist ein persönlicher Ton, der nun erklingen möge, und wenn ihr all eure Freudentöne zusammenbringt, dann entsteht ein großer Gesang, dann entsteht ein unendlicher Ton, ein unendlicher kosmischer Klang, der sich ausbreitet und sich auch im morphogenetischen Feld ausbreiten kann.

Ich bitte daß ihr nun erlaubt, daß sich dieses ereignen kann. Und ich bitte nun, daß ihr euch erlaubt, diesen Ton in eurem Solarplexus zu bündeln und über euren Solarplexus aussendet über den Erdenstern – ein Ton der Freude, ein kosmischer Ton der Freude, der auch das heile Atlantis repräsentiert, der das heile Atlantis wieder entstehen läßt. Erlaubt euch, diesen Ton nun zu vibrieren.

Kiria Deva erklärte uns weiter:

Erkenne, jede Ebene, jedes Bewußtsein, hat eine Schwingungsfrequenz, und diese hat einen Ton, einen Klang, einen Klangteppich, einen Klangumfang. Du könntest es so sagen: Auch dein Ton ändert sich durch deinen Bewußtwerdungsprozeß, durch deine Heilung, und so ändert sich auch der Ton des Kristalls durch eine Energetisierung, denn dadurch findet eine molekulare Veränderung statt, eine Potenzierung. Dies verändert den Klang, und zwar in dem Sinne, daß der Klang weiter wird. Der ursprüngliche Klang löst sich auf in einem weiteren Klang. Er verbindet sich, er vergrößert sich, wie ich das beschreiben möchte. Es ist nicht so, daß er vollkommen ausgetauscht wird, wie ein Chip, sondern er fließt ein in ein großes Ganzes. Löst sich dadurch auf, und ein neuer Ton, ein weiterer

Ton, entsteht, ein neuer Schwingungsteppich entsteht, ein neues Klangfeld. Atlantis hat auch jetzt ein Schwingungsfeld über dem Erdenstern. Es ist wichtig, an der Heilung von Atlantis zu arbeiten, denn dadurch verändert sich dieser Schwingungsteppich von Atlantis um den ganzen Erdenstern. Der lichte, heile Fokus von Atlantis, von dem wir sprechen, hat eine andere Qualität, ist ein weiterer Ton.

Wie schon in der Bibel geschrieben steht: Am Anfang war das Wort, und so kommt zuerst der Ton, dann kommt die Farbe und dann erst die Manifestation in den verschiedenen Formen, wenn man es linear beschreibt. Über das Bewußtsein, daß alles Klang ist, alles Farbe, ist dieses die sanfteste und auch die direkteste Form der Heilung und Harmonisierung. Disharmonie in einem System kann man zurückführen auf eine Disharmonie des Klangs im natürlichen Schwingungsfeld jedes Wesens. Klang und Farbe sind sehr eng miteinander verbunden, und so kannst du sowohl bei der Farbe als auch beim Ton ansetzen. Die Wirkung ist tief und doch zugleich sehr sanft. Dies ist eine Heilmethode der jetzigen Zeit, sie geht direkt an den Ursprung der Disharmonie. Je bewußter du bist, desto leichter und direkter werden die Methoden sein, egal auf welcher Ebene du arbeitest. Es gibt viele Zwischentöne der fünfdimensionalen Farben und so auch viele Zwischentöne im Tonreich, viel mehr, als die Ohren wahrnehmen können.

Es gibt Klangräume, in die ihr gehen könnt, um die Harmonie in euren Körpern wiederherzustellen. Wenn du möchtest, kannst du verschiedene Klangräume schaffen, über ein bestimmtes Zusammenspiel von Tönen. Dann gehst du hinein in diesen Raum, und dort wird diese Disharmonie behandelt, die über diesen Klangraum angesprochen wurde, und Harmonie entsteht wieder in deinem System. So einfach ist das, so einfach ist dieses Universum aufgebaut.

Du kannst dir diese Klangräume dreidimensional erschaffen, dadurch hast du eine dreidimensionale Übersetzung an Klang und Farben, oder du arbeitest auch hier über die Energie von Kiria Deva und bittest auch einen bestimmten Klang der Heilung, hier Raum zu nehmen. Oder wenn du weißt, es ist hier zum Beispiel der Ton A für die Heilung notwendig, dann ziehst du über einen Kristall, der diesen Ton A in sich trägt, diesen in das System und verbindest dieses mit der fünfdimensionalen Farbschwingung, oder du kreierst dir mittels einer Trancereise diesen Raum, gehst in diesen Raum und bittest Kiria Deva, Engelemanationen oder andere Energien, dir diesen Klang, diese Farbinformationen zur Verfügung zu stellen, was du für die Harmonisierung dieser Disharmonie brauchst. Du hast hier mehrere Möglichkeiten, nimm die, welche dir am meisten zusagt.

Auch in den Kristallen ist ein Klang vorhanden, und oft ist es so, daß der Klang der Steine schläft. Dann ist es wichtig, ihn zu berühren, zu streicheln, in der Liebe, die wir sind und mit der Absicht, seinen Ton wieder zu erwecken. Du kannst auch einen Vertreter des Blauen Volkes bitten, dich bei diesem Tun zu unterstützen. Das erzeugt bzw. erweckt den Klang wieder in den Kristallen. Auch wir sind Klang, und wenn wir mit den Tönen in den Steinen arbeiten, uns austauschen, entsteht gemeinsam ein Klang der Einheit, ist Einheit. Es ist auch der Klang des heilen Atlantis, des heilen Lemurien, der Einheit von allem, was ist. Wenn wir im Durchfluß sind, wenn wir es uns erlauben, können wir auch die Klänge der Kristalle über das eigene System hörbar machen und ihnen über unsere Stimme sozusagen Ausdruck verleihen.

Jeder Kristall hat einen Urton, der durch seine Form, seinen Schliff bestimmt ist. Menschen, die sich in der Welt der Klänge auskennen, können diesen Ton auch zuordnen und sagen, das ist ein A-Ton und so weiter. Durch die Behandlung der Kristalle mit der Energie von Kiria Deva, durch die Heilung des Kristalls, ändert sich auch der Ton eines Steines, eines Kristalls, und ein weiterer Schritt der Harmonisierung, der Wiedervereinigung der Reiche geschieht.

Nach diesen allgemeinen Anregungen zur Heilung mit Hilfe von Farben und Klängen in Verbindung mit Kiria Deva möchte ich nun noch auf einen Spezialfall eingehen und euch die Wirkung und Anwendungsweise von Laserkristallen erklären.

KIRIA DEVA LASER

Laserkristalle sind lange, meist schlanke Kristallspitzen, die einen sehr zielgerichteten klaren Strahl besitzen. Sie wurden in atlantischen Zeiten für Operationen, auch am Gehirn, eingesetzt, da mit ihnen ein sehr genauer und klarer Schnitt möglich war. Der Vorteil bestand auch darin, daß sozusagen auf mehreren Ebenen gleichzeitig gearbeitet werden konnte. Diese Laserkristalle sind eine Ergänzung zu den anderen Kristallen und besitzen mit der Energie von Kiria Deva die Qualität des Verbindens, sie sind nicht mehr zum Trennen gedacht. Mit diesen Lasern wird immer zusammengefügt, auch wenn etwas entfernt wird, und so wird es nicht der Schmerz des Verlustes sein, der Narben bildet. Zum Beispiel können Narben im grobstofflichen und im feinstofflichen Bereich mit Hilfe eines Lasers entstört werden und so die Verbindung der Energien, der Energiefluß, wiederhergestellt werden.

Dieses geschieht sehr einfach.

Geh in Verbindung zu deinem Hohen Selbst und spüre in das System deines Partners hinein, wo sich Narben, wo sich Unterbrechungen des Energieflusses befinden. Diese losen Enden oder Verwirrungen der Energien fügst du mit Hilfe des Laserkristalls wieder zusammen, löst die Knöpfe oder Knoten auf, und der harmonische Fluß der Energien nimmt auf grob- und feinstofflicher Ebene wieder Raum.

Auf diese Weise ist es auch möglich, eine Wunde im physischen Körper, die nicht heilen will, mit einem Kiria Deva Laser zu behandeln. Es kann vorkommen, daß es, ähnlich wie bei anderen Heilmethoden, zu einer Erstverschlimmerung kommt, doch dieses ist das Ergebnis eines tiefen Reinigungsprozesses, der an die Ursache der nicht heilenden Wunde geht und die Disharmonie herausschwemmt.

Ein weiteres Einsatzgebiet für Kiria Deva Laser ist die Akupunktur. Durch diese Anwendung ist eine komplett andere Schwingung im System des Klienten erfahrbar, und es können sich andere Blockaden lösen als bei normaler Akupunktur oder Akupressur. Dazu ist jedoch eine Schulung über die Akupunkturpunkte und die Akupressurpunkte und deren Zusammenhänge mit dem menschlichen Körpersystem nötig.

Eine einfache Anwendung des Lasers ist die Aktivierung der Meridiane. Dafür gibt es Tabellen, und indem man mit einem mit Farben programmierten Laser darüberstreicht, werden diese entweder angeregt oder beruhigt, je nach Befindlichkeit. Die Farben Rot und Orange haben eine belebende, die Farben Grün und Blau eine eher beruhigende Wirkung.

Kiria Deva Laserkristalle sind auch geeignet, Implantate herauszulösen. Manche davon sitzen sehr tief, sie liegen wie in einem Kokon in der äußersten Schicht des emotionalen Körpers und werden dadurch oft nicht wahrgenommen.

Die Energie kann dadurch nicht frei fließen, und es ist schwer, an dieses Gebilde heranzukommen, weil es sozusagen keine Verbindung zum Inneren des Systems hat. Man kann diese Teile wie mit einem Skalpell herausschneiden oder herauslösen, und um die "Wunde" zu heilen, muß man sie dann mit anderen Energien versorgen. Du kannst dieses Loch einfach mit der Energie von Kiria Deva auffüllen. Dabei ist es wichtig, daß die energetischen Verbindungslinien, die an dieser Stelle unterbrochen wurden, wieder zusammengefügt werden.

Aus meiner Erfahrung weiß ich, daß sich viele Menschen von den Lasern sehr angesprochen fühlen, was ich auf Erinnerungen an dieses Handwerkszeug zurückführe. Kiria Deva sagte, die Arbeit mit Lasern würde in der heutigen Zeit eher eine Liebhaberei darstellen und aus der Mode kommen, da Herauslösen jetzt in der Form der Integration geschieht. Das ist so zu verstehen, daß zum Beispiel über das Annehmen von Schattenseiten diese nicht mehr als getrennt, sondern als Teil einer Selbst im eigenen System anerkannt und dadurch Trennungsenergien geheilt werden. Dafür ist das Errichten von Kraftfeldern, wie ich es schon für Fernheilungen beschrieben habe, ein wunderbares Instrument der neuen Zeitqualität.

KRAFTFELDER

Du kannst ein Kraftfeld aufbauen, indem du zum Beispiel vier Kristalle in der Form eines Quadrates um einen Klienten aufstellst, das dann mit einem zielgerichteten Gedanken aktiviert wird. Dadurch wird ein Schwingungsfeld erzeugt, das die Energie des Menschen potenziert. Das bedeutet, daß du deine Prozesse in einer relativen Klarheit und sehr schnell erledigen kannst, wenn du dazu bereit bist. Wenn du nicht bereit bist, kann es zu heftigen Reaktionen führen, denn dieses Kraftfeld "zwingt" dich sozusagen, in einen Prozeß der Transformation zu gehen.

Kiria Deva hat den Auftrag zu heilen, was bedeutet, daß Trennungsenergien gelöst werden, um Einheit Raum nehmen zu lassen, und so sind schmerzhafte Erfahrungen zum Beispiel Energien der Trennung. Deshalb werden diese über die Arbeit mit Kiria Deva-Kraftfeldern aktiviert, und je nach dem Grad von Bewußtheit des Betroffenen, also, welche Strecke des Wegs nach Hause er schon gegangen ist, werden diese Energien in Leichtigkeit gelöst, oder es kann zu einer sehr intensiven Erfahrung kommen.

Gleichzeitig gibt dir dieses Kraftfeld auch einen geschützten Rahmen, in dem du dieses oder jenes aufarbeiten kannst, und zwar ohne Hilfe von Fremdenergien. Du kannst dich auf dich selbst konzentrieren und wirst nicht abgelenkt. Wenn du die Bereitschaft, an dir zu arbeiten, hast, wird dich dieses Feld bei der Erhöhung des Bewußtseins, bei der Verankerung der fünften Dimension, unterstützen.

Genauso können solche Energiefelder auch für Orte und Landschaften errichtet werden. Es gibt örtliche Gegebenheiten, die die Unterstützung solcher Kraftfelder brauchen, weil sie eine starke atlantische Prägung haben; durch das Kraftfeld wird das atlantische Wissen in einer liebevollen, klaren und zielgerichteten Form aktiviert, das heißt: in einem geschützten Rahmen. Diese Energie strahlt dann auch auf die Personen, die dort leben, aus, in der Form, wie es ihren Bewußtseinen entspricht. Die Menschen, die an solchen Orten leben, haben sich auf der Seelenebene zur Verfügung gestellt, diese Plätze zu bewohnen. Der Ebene des Egos kann es oft schwerfallen, mit diesen Energien umzugehen, egal ob sie durch ein Kraftfeld zutagetreten oder noch im Verborgenen schlummern.

Bevor ihr ein Kraftfeld errichtet, ist es wichtig, den Raum, den Ort, zu reinigen. Sonst können astrale Anbindungen, wenn sie nicht vorher ins Licht gebracht wurden, dadurch in einem Kraftfeld eingeschlossen werden. Diese können dann nicht mehr hinaus und laufen zur Hochform auf, weil sie das Licht und die Energie nicht ertragen und „Amok laufen", und das ist auch diesem Wesen gegenüber nicht sehr liebevoll. Eine astrale Anbindung aus einem Kraftfeld in dieser Form zu lösen ist schwierig. Die einfachste Art, dies zu tun, wäre, dieses Kraftfeld wieder abzubauen, den Ort oder Raum zu reinigen und dann wieder aufzubauen.

Es sind Kraftfelder, die transformieren, und sie sollten nicht wahllos aufgestellt werden, da sie nicht für jeden Menschen und jeden Ort geeignet sind. Geht also bitte in Kontakt mit eurem Hohen Selbst und überprüft die Beweggründe, diese Kraftfelder zu errichten, und die Auswirkungen auf alle Beteiligten. Macht ruhig eure Erfahrungen, zum Beispiel bei Einzelsitzungen, aber bitte geht damit grundsätzlich gezielt und achtsam um, ihr habt die Verantwortung für euch und eure Klienten, egal ob es Menschen, Tiere, Pflanzen oder andere Wesen sind.

Eine weitere Variation in der Anwendung, in der Kombination von Energien, sind die Kiria Deva Kristalle, die mit der Zusatzinformation der Solaren Energie gespeist wurden.

SOLARE ENERGIE-KRISTALLE UND DIE ÖFFNUNG DER DNS

Laßt solares Bewußtsein in die Lichtfäden unserer DNS einfließen, denn die Wärme der Sonne öffnet deren Stränge, wie eine Blüte sich öffnet, um in die Sonne zu sehen und ihre Wärme zu trinken.

St. Germain erklärte uns, daß auch ein Teil seines Bewußtseins in Atlantis inkarniert war. Die Kraft der Transformation wurde in den atlantischen Tempeln der Heilung geboren. Es gab verschiedene Tempel, und jeder hatte einen bestimmten Schwerpunkt, wie zum Beispiel den Tempel des Klanges. Diese Tempel waren miteinander über Kristallwesenheiten verbunden und über den Fokus der atlantischen Priesterschaft im Austausch. Dieses Netzwerk bildete das Zentrum des atlantischen Bewußtseins. Denn diese Tempel waren an Sternenebenen und Sternenwissen angebunden, das hier auf diesem Erdenstern Raum genommen hatte und immer noch Raum nimmt. Über die Priesterschaft wurden diese Kräfte und dieses Wissen in das atlantische Volk, in das atlantische Bewußtsein, gelenkt.

Die Schwingung, das Wissen dieser Tempel, ist in unserer DNS gespeichert, denn dieses Wissen ist bei der Schöpfung des Menschen, wie er jetzt ist, wie wir es sind, in unsere DNS mit eingeflossen. Deshalb wird über die Öffnung unserer menschlichen DNS das Bewußtsein der Tempel des atlantischen Seins erweckt und für uns wieder vollständig nutzbar sein. Denn all diese Erinnerungen tragen wir in uns, und einige von uns nutzen dieses Wissen bereits. Doch sind es erst noch Bruchstücke, wie die Einzelteile eines Puzzles, die wir zusammensetzen müssen, damit das Mosaik erkennbar wird. Das letztendliche Verständnis, das letztendliche Begreifen, daß wir es auch in unser alltägliches Sein integrieren können, erfolgt durch die Öffnung unserer DNS.

Die DNS ist wie ein Schloß in unserem Sein, das in den kommenden Jahren aufgeschlossen wird, damit das alte Wissen auf allen Ebenen aktiviert werden kann und auch von den feinstofflichen Ebenen in das physische Sein durchsickert. Das ist die *Geburt des Kosmischen Menschen* oder *das Erwachen des Christus in dir*. Dies wird auch die Zeit sein, in der wir zum Beispiel wieder fähig sind, allein durch eine gezielte, mentale Aussendung Körperstrukturen in der dritten Dimension zu verändern oder unsere Körper in der dritten Dimension zu teleportieren.

Es ist wichtig, das Wissen der Tempel von Atlantis zu erwecken, uns damit zu beschäftigen, denn dieses unterstützt die Öffnung unserer DNS. Dabei hilft uns auch solares Sein, solare Energie. Solares Sein ist eine Urqualität unseres Seins und bringt uns auf allen Ebenen in die Erinnerung an das Bewußtsein des unendlich göttlichen Seins, das wir letztendlich immer sind, immer waren und immer sein werden.

Deshalb bat uns die geistige Welt immer wieder, solares Bewußtsein in jede Zelle unserer Körper, in jede Ebene, die wir sind, fließen zu lassen, unabhängig von den Kiria Deva Kristallen, die an diese Ebene angebunden sind. So sollen wir diese Energie auch den Ebenen, die wir sind und die jetzt nicht in diesem physischen dreidimensionalen Körper auf unserer Erde inkarniert sind, immer wieder zur Verfügung stellen. Also auch Anteilen von uns, die auf anderen Sternenebenen weilen. So nähern wir uns dem Bewußtsein unseres Quellenselbst an und unserem multidimensionalen Ausdruck auf vielen verschiedenen Ebenen.

Solares Bewußtsein in Verbindung mit Kiria Deva ist eine Schwingung, die das Wissen der Tempel von Atlantis erweckt und über die Erinnerung an unser solares Sein die DNS in uns öffnet.

Diese Kristalle mit der Energie des solaren Logos kannst du verwenden, um ein Kraftfeld zu bauen, damit DNS – Programmierungen der Begrenzung sich lösen dürfen und die Sonne, die ihr seid, expandieren kann. Mit diesem Kraftfeld kannst du Disharmonien in Harmonie umlenken, das heißt, die Systeme in den freien Fluß der Energien bringen.

Laßt uns neue Wege beschreiten, nicht in der Energie der Schwere und der Komplexität, sondern in der Einfachheit, indem Energien verändert werden. Dies geschieht durch das Bewußtsein der Klarheit und der Leichtigkeit des solaren Seins.

Heilung ist ein Bewußtsein der Leichtigkeit. Bitte erkennt dieses und nehmt dieses an, damit es nicht mehr notwendig ist, über den Prozeß des Schmerzes, der Langwierigkeit oder der Trauer Heilung zu erlangen, sondern macht euch bewußt, daß Heilung auch gebunden ist an die Qualität des solaren Seins, die eine expandierende Qualität ist und einfach ist. Sonne ist, Sonne scheint, dehnt sich aus, und es gibt keine Sonne, die nicht leuchtet, deshalb ist es von Wichtigkeit, daß Heilung ist und Heilung geschieht, und deshalb erlaubt euch in dieser Leichtigkeit zu sein.

Die Energetisierung dieser Kristalle mit solarer Energie geschieht gleichzeitig mit der Energetisierung durch Kiria Deva. Nach erfolgter Reinigung lade ich die Energie des Sonnenlogos von Helios, die solaren Kräfte, in unsere Lichtsäule ein und verbinde sie mit den dafür ausgesuchten Kristallen. Gemeinsam potenzieren sich die Energien und ergeben wundervoll aufgeladene Kristalle. Mir wurde auch geraten, dafür Obelisken oder größere ungeschliffene Kristalle zu verwenden.

Und wenn du zu diesem Thema eine Anleitung für tätiges Tun möchtest, hier ist sie:

Geh auf deine Art in die Entspannung und in die bewußte Verbindung mit deinem Hohen Selbst. Setz dich in ein Dreieck- oder ein Sechseck-Kraftfeld hinein und laß diese Energien von Kiria Deva und dem solaren Bewußtsein auf die Ebene der physischen DNS einfließen. Du kannst dieses auch ergänzen, indem du dich in diesem Kraftfeld mit einer Zelle in dir verbindest und die Sonne in der Zelle leuchten läßt im Bewußtsein der eröffneten 12-Strang-DNS. Sieh, spür, nimm wahr, wie diese zu leuchten beginnt, wie dieses Leuchten die benachbarten Zellen erfaßt und ansteckt, diese ebenso zu strahlen beginnen und sich dies durch dein ganzes physisches Sein fortsetzt. Du kannst die Kräfte durch dein mentales und emotionales Sein lenken. Du, dein Körper, alle Zellen strahlen dieses Bewußtsein aus, sind wach, geöffnet und in der Erinnerung an unser solares Sein.

Ebenso können und sollen wir die solare Energie zur Erhöhung der Zellschwingung in unseren Systemen nutzen. Es wird empfohlen, sie jetzt immer und in alles mit einfließen zu lassen, um unsere physischen Systeme auf die erhöhte Schwingung vorzubereiten – in sanfter und liebevoller Weise, ohne uns zu verbrennen.

Eine ähnliche Intensität der Schwingung wird durch die Kombination von Kiria Deva Energie und Engelbewußtsein erzielt. Und auch hier wurde mir empfohlen, für diese Energetisierung vornehmlich Obelisken zu verwenden.

ERZENGELENERGIE KRISTALLLE

Wie ich bereits an anderer Stelle erwähnt habe, ist jedes System willkürlich, und so wundert euch bitte nicht über die Anzahl der Erzengel, denn nach anderen Auffassungen gibt es weniger oder auch mehr Erzengel. Diese Einteilung ist immer von Menschen gemacht und somit relativ, und stellt den jetzigen Stand unseres Wissens dar.

Die Energetisierung ist sehr ähnlich wie bei den Kristallen mit solarer Energie. Ich verbinde mich mit den Ebenen der Erzengel und Kiria Deva und übergebe ihnen die Kristalle. Dann baue ich noch einmal die Verbindung zu den Engelebenen auf und leite ihre Energie in die Kristalle. Das ist ein Wechselspiel, das gleichzeitig mit beiden Ebenen geschieht, kurz vor, während und nach dem Zeitpunkt des Neumonds. Ich arbeite auch über essenitische Kraftlenkung und andere Aspekte der Engelebenen, und erziele dadurch eine Potenzierung der Kräfte. So kann der Stein die Schwingung der Engelebenen besser aufnehmen als ein normaler Kristall.

Durch die Versiegelung mit der Energie von Kiria Deva ist es allerdings nicht mehr möglich, das Programm zu verändern, zu löschen oder zusätzlich noch etwas hinzuzugeben, auch keine fünfdimensionalen Farben.

Diese Kristalle sind von großer Heilkraft, und ich gebe dir nun eine kurze Beschreibung der Einsatzmöglichkeiten dieser Engelkombinationen. Sie eignen sich ebenfalls zum

Aufbau von Kraftfeldern zur Heilung, Transformation und zur Erhöhung des Durchflusses von Energien und schaffen so einen Rahmen für Prozesse. Du kannst Dreiecke mit diesen Kristallen aufstellen, die Kräfte verbinden sich über die Schwingung von Kiria Deva und dem Bewußtsein der Einheit zu einem Kraftfokus. Das bewirkt eine Bewußtseinsöffnung auf allen Ebenen, die auch die Heilung von physischen Erkrankungen sehr unterstützt. Die Kraftfelder potenzieren sich, und zwar aus sich selbst heraus, und verstärken sich durch die Dauer des Stehens. Ebenso ist das Sechseck oder der sechszackige Stern eine wunderbare Form für das Wirken der Erzengelkristalle. Du kannst auch vier Steine im Quadrat aufstellen und dem Menschen, der gerade behandelt wird, einen fünften Stein, einen sogenannten (Kraft) Halter, in seine Hände geben. Auch das ergibt eine Potenzierung der Kräfte und ermöglicht dir ein sehr gezieltes Arbeiten. Du kannst auch ins zelluläre Gedächtnis eintauchen, um hier Erbinformationen zu verändern. Du kannst in diesen Kraftfeldern Meditationen machen, um Kontakte zur geistigen Welt und zu anderen Ebenen zu erleichtern und deine Wahrnehmungen zu fördern. Der Unterschied zu persönlicher Heilungsarbeit und zur persönlichen Kraftlenkung ist der, daß du, vielleicht durch deine Tagesverfassung abgelenkt, nicht so zielgerichtet bist, und dadurch nicht so effektiv sein kannst. Die Steine sind immer in der gleichen Potenz, der gleichen Kraft, egal wie gut du drauf bist. Das ist vergleichbar mit der Übertragung, der Lenkung, von fünfdimensionalen Farben. Mit Kiria Deva Kristallen ist die

Energie rein, unverfälscht und klar, während bei einer persönlichen Übertragung persönliche Begrenzungen und Verfärbungen mitschwingen können.

Wie bei den Mandalas mit Kiria Deva Kristallen sind auch hier Fernbehandlungen möglich und erfolgreich.

Der volle Umfang der Anwendungsmöglichkeiten wird sich erst im Laufe der Zeit herausstellen. Unser Wissen wird laufend ausgebaut.

Nun eine kurze Beschreibung der Qualitäten verschiedener Erzengelkristalle:

- Raphael steht für Heilung, vor allem physischer Disharmonien. Eine Besonderheit dieses Steines ist, daß er für Heiler ein sehr wichtiges Werkzeug ist, denn allein dieser Stein erzeugt ein Schwingungsfeld von dreißig Metern, in dem Raphael und Kiria Deva Energie strahlt.

- Michael ist wichtig für den Fluß der Körper, für die Verbindung und die Kommunikation mit allen Ebenen in dir, er verbindet die Dimensionen.

- Uriel ist die Kraft der Transformation auf allen Ebenen, das heißt, es betrifft auch Inkarnationsebenen, die über dein jetziges physisches Sein hinausgehen.

- Gabriel ist die Kraft der Klarheit, der klaren Kommunikation zwischen und mit allen Ebenen und damit des harmonischen Miteinanderseins.

- Melchisedek ist die Kraft der Körperveränderungen und die Kraft der Weisheit über den Bauplan des physischen Seins.

- Metatron ist die Kraft der Shekaina, das empfangende Prinzip und die Qualität der Liebe in einem kosmischen Zusammenhang.

- Ariel ist die Kraft des solaren Seins und wichtig für die Öffnung der DNS, er ist die Liebe zur Materie, die sich ausdrückt in der Anerkennung der Schönheit der Materie. Diese Liebe gibt uns die Kraft und das Verständnis, um anzunehmen, daß wir kosmischer Mensch sind.

Diese Liste ist noch nicht vollständig. Kiria Deva gab uns einen Vorgeschmack auf die Möglichkeiten der Erzengelkristalle, und sie meinte auch, daß diese Initiationskristalle sind, denn jede Erzengelebene ist auch eine Qualität in uns, die über die Arbeit mit diesem Kristall eröffnet wird: *Ihr werdet eins mit den Kräften, mit denen ihr arbeitet,* sagt Kiria Deva. *Das geschieht in den Seminaren, diese Einweihung, diese Initiation, dieses Einswerden mit den Kräften der Kristalle.*

Du kannst diese Kristalle auch untereinander mischen und auf diese Weise verschiedene Qualitäten in einem Kraftfeld vereinen. Als Beispiel möchte ich das Dreieck mit

- Melchisedek, Metatron und Michael nennen, das Unsicherheiten beseitigt. Es hilft dir, in deine Kraft und Ermächtigung zu kommen, in Verbindung mit der Liebe, die du bist.

Als besondere Übung empfahl uns die geistige Welt:

Macht eine Meditation mit einem Kreis von zwölf Erzengelsteinen zur Aktivierung der schlafenden DNS. Als Trägerstein in der Mitte nehmt zum Beispiel einen Melchisedek-Obelisken.

Die verbindende, einigende Energie von Kiria Deva läßt sich nicht nur in unseren Systemen, in der Harmonisierung der Ebenen von Gaia und ihren feinstofflichen Bereichen nutzen, sondern auch zur Verbindung mit den Sternenebenen.

STERNENENERGIEN

Kiria Deva ist ein Kind der Sterne, ist dem Blauen Volk zugeordnet und stammt somit auch vom Bewußtsein der Sternenebenen, ist aber keinem einzelnen zuordenbar. Sie ist eine Mischform der Energien, die hier ihren Ausdruck gefunden hat, und kann Anbindung zu bestimmten Ebenen herstellen, nutzen und auch wechseln. Sie gab uns den Rat, für das Ineinanderfließen von Ebenen offen zu sein, und als erstes möchte ich dir kurz von der Energie von Kassiopaia erzählen.

Das Sternbild von Kassiopaia ist sicher jedem schon am nächtlichen Sternenhimmel aufgefallen, es zeigt sich als großes W und ist meist deutlich zu sehen. Das Kollektivbewußtsein von Kassiopaia ist von den Kräften des Nichtlichts unterwandert worden, hat sich daraufhin selbst zerstört und ist auch im Heilungsprozeß wie Kiria Deva. Durch diese Zerstörung wurden die einzelnen Teile des Kollektivs ins ganze Universum zerstreut, weshalb in vielen Bereichen noch viel Schmerz und Disharmonie gespeichert ist. Kassiopaianische Energie wurde auf der Erde eingespeist, um zu helfen, damit das Bewußtsein der Kristalle auf Gaia Raum nehmen kann. Die Energie von Kassiopaia ist auch zu atlantischen Zeiten auf die Erde eingeflossen, um das Blaue Volk in die Form zu bringen. Die Anbindung an diese Energie, die sich stark wirbelnd und fast chaotisch anfühlt, nährt, stärkt und heilt beide Seiten. Sie hilft auch,

Verständnis für den Heilungsprozeß der Kristalle zu wekken.

Vor einiger Zeit gab uns auch das Kollektivbewußtsein von Aldebaran eine Botschaft, mit der Bitte, diese weiterzugeben:

Wir freuen uns, daß Heilung nun Raum genommen hat auf Gaia, denn dieses bedeutet auch, daß Heilung Raum nimmt für das Bewußtsein, das ihr Aldebaran nennt. Lange Zeit hielten wir verschlossen unser Sein und konnten nicht in den Austausch gehen mit anderen Wesenheiten. Dadurch, daß jetzt Heilung Raum nimmt auf Gaia und Heilung hinausgesendet wird in den Kosmos, ist es für uns nun möglich, die Tore zu öffnen und anwesend zu sein auch auf der Erde, wenngleich nicht in der dritten Dimension, um diesen Prozeß des Aufstiegs zu unterstützen, damit Einheit ist zwischen Erde und Sternenvölkern und Rassen. Wir sind Aldebaran und sind gekommen um Freude und Licht einfließen zu lassen und um unser Bewußtsein der Ausdehnung einfließen zu lassen, damit Verknüpfung in den Gehirnen Raum nehmen kann, ein Synonym für die Vernetzung von Sternenebenen und die Vernetzung von Lichtarbeitern, denn jeder Lichtarbeiter ist ein Stern, ist ein Sternenwesen, hat eine Anbindung an ein bestimmtes System oder mehrere Systeme und ist so ein Stern auch vom Himmel, der auf Gaia ist, denn auch hier ist die Vernetzung wie oben so auch unten.

Erkennt, daß jetzt Aldebaran auch leuchten wird in euren Herzen und somit auch Verbindungen der Einheit, des

Einverstandenseins, geschlossen werden können. Viel Wissen, das in den Kristallen von Atlantis gespeichert ist, ist Information, die von Aldebaran zusammengetragen wurde und viele "Aldebaranis" inkarnierten zur damaligen Zeit und verankerten ihr Wissen hier.

Atlantis ist entstanden aus vielen Sternenvölkern und Rassen und Aldebaran war daran beteiligt, Atlantis leuchten zu lassen. Erkennt, daß es wichtig ist, Licht in der Dunkelheit zu sehen, das Licht in der Dunkelheit zu stärken, denn Dunkelheit wird sich senken. Dies ist ein Bild, das wir geben möchten, dies ist von Wichtigkeit, daß ihr begreift, daß Verankerung der fünften Dimension nicht durch das Verdrängen der Dunkelheit stattfinden kann, sondern durch das Annehmen, und deshalb wird sich die Dunkelheit senken, und es ist von Wichtigkeit, das Licht darin zu erkennen, damit das Licht gestärkt wird und Licht sein kann und Licht durch alle Ebenen leuchten kann und Licht ist. Es ist eine Zeit des Umbruchs, es ist eine Zeit der Veränderung und der großen Einstrahlung kosmischer Kräfte.

Gebündelt werden Sternenenergien und Energiewellen auf die Atmosphäre und auf den Erdenstern gesandt, die zu einer Unruhe führen können in verschiedenen Bereichen, weil es um eine Feinabstimmung geht. Dies ist auch für eure physischen Körper wichtig, damit sie an Dichte verlieren, damit sich das Bewußtsein der Dichte verändern kann. Deshalb ist es von Wichtigkeit, darauf zu sehen, in der Achtsamkeit, in liebevollem Sein mit euch und anderen zu sein. Erkennt, daß es wichtig ist die Schüler des Lichts zu schulen und ihnen dieses auch mitzugeben auf ihrem Weg. Denn die Zeit des Kampfes gegen Nichtlicht ist vorüber und Liebe ist die Kraft der Heilung, ist die Kraft der Integration. Liebe bedeutet nicht romantisches Verliebtsein, Herzklopfen, bedeutet nicht ein überschäumendes Gefühl. Liebe ist ein Bewußtsein. Aldebaran hat nun die Möglichkeit, sich mehr und mehr mit euren Kanälen zu verbinden um Einheit zwischen den Dimensionen mit euch zu schaffen. Seid im Segen, seid gegrüßt und seid umfangen mit unserer alleinen Liebe, die wir sind. Dies sind wir aus Aldebaran, die euch segnen. Wir freuen uns, Botschaften zu geben und wir möchten unsere Grüße entsenden zu vielen Lichterfunken und Lichtarbeitern, die in eurem Umfeld sind.

Ich möchte nun noch andere Sternenebenen anführen, die in der jetzigen Zeit für unsere Entwicklung hilfreich sind, und auch diese Liste ist nicht vollständig. Unsere Geschwister von den Plejaden, die durch viele Kanäle schon Botschaften gegeben haben, lassen zur Zeit sehr stark ihr liebendes, fließendes Kollektivbewußtsein auf die Erde einströmen und übermitteln ihr Wissen über die Kraft der Hingabe, die Schwingungserhöhung und andere aktuelle Themenbereiche. Es sind auch viele Menschen auf Gaia inkarniert, die ihren Ursprung auf den Plejaden haben und sich dadurch sehr von dieser Schwingungsebene, die man der Qualität von Lemurien zuordnen könnte, angezogen fühlen. Im Vergleich dazu könnte man die Qualität von Sirius den Wesen von Atlantis zuschreiben, obwohl diese, wie schon erwähnt, nicht aus einer einzelnen Rasse von Sternenfahrern entstanden sind. Die Wesen vom Sirius sind eher die mentalen Wissenschaftler, die Informationen zusammentragen und sammeln und in den Bibliotheken auf dem Sirius speichern und allen zur Verfügung stellen, die darum bitten.

Eine zielgerichtete, kraftvolle, klare Schwingung und auch sehr umfangreiches Wissen kommt über die Ebene des Saturns und ihre Wissensspeicher auf die Erde. Dazu teilte uns Monka folgendes mit:

Und dieses ist Monka. Ich grüße euch und möchte euch über den Fokus von Saturn eine Botschaft geben. Erkennt, daß wir die Bibliotheken von Saturn geöffnet haben, und daß wir euch anbieten, über das weinrotgoldene Leuchten eine Verbindung zu schaffen von den Ebenen eures Stammhirnes zu den Bibliotheken von Saturn, damit hier Austausch von Wissen stattfinden kann. Erkennt, daß die Fähigkeiten der Heilung, die Möglichkeiten der Heilung in allen Ebenen, auch von physischen Erkrankungen, in den Bibliotheken von Saturn gespeichert sind, und wir dieses Heilungswissen öffnen, um es euch in Verbindung mit der Schwingung von Kiria Deva zur Verfügung zu stellen, damit euer Wissen, eure Fähigkeiten, eure Erinnerungen an die Kraft der Heilung in euch gefördert werden. Wir laden euch ein, in die Ebenen des lichten Saturns zu reisen und dort in diesen Bibliotheken Wissen zu empfan-

gen. Dies könnt ihr jederzeit tun, wenn ihr Heilwissen braucht. Dies könnt ihr tun in der Anbindung an Monka, der ich bin, in Anbindung an das rubinrotgoldene Leuchten, das euch in diese lichte Ebene von Saturn bringt und dort in die Wissensspeicher der Heilung für die dritte Dimension führt. Nutzt dieses, denn die Zeit ist gekommen, daß Sternenwesen sich offenbaren und Sternenbibliotheken, wie zum Beispiel die des Saturns sich öffnen. Und hier ist die Verbindung mit diesen Sternenbibliotheken auch wichtig für die Aktivierung des Sternenwissens in eurem Sein. Denn erkennt, es ist Austausch zwischen uns, unseren Ebenen, und eurem Sein hier auf dieser Erde. Aktiviert wird euer Sternenselbst, das ein Bewußtsein ist, das alle Sternenerfahrungen und alles Wissen enthält, das ihr in Sternenebenen erworben habt. Auch enthält dieses Sternenselbst Durchgangspforten, Verbindungen zu allen Sternenbibliotheken dieses Universums. Dieses Sternenselbst liegt wie ein leuchtender Mantel um euer Sein. Ihr könnt dieses nutzen und euch in der Meditation mit diesem Sternenselbst verbinden und dort gezielt Information abrufen – von den Plejaden, von Sirius, von Saturn. Diese Informationen werden dann aufgeschlossen und durch euer feinstoffliches Sein in die Materie geflutet, auf daß ihr dieses dann als Gedanken, als zielgerichtetes Wissen, als emotionalen Impuls empfangen und umsetzen könnt. Erkennt, daß es hierzu ein bißchen an Übung bedarf, doch nicht sehr viel, und ihr könnt dieses wunderbar für euch nutzen. Erkennt, daß ihr über dieses Sternenselbst Zugang habt zu jeder Sternenebene in diesem Universum und über Kiria Deva die Übertragung, das Einfließenlassen der Information aus eurem Sternenkleid in euer physisches Sein unterstützen könnt, indem ihr euch vorher einschwingt auf Kiria Deva - über einen Kristall oder in direkter Art und darum bittet, daß die Übertragung mit Hilfe von Kiria Deva geschieht. Denn Kiria Deva ist eine vertraute Energie für eure Systeme, und dadurch kann eine Anpassung von Informationen, die aus Sternenebenen durch euer Sein fließen, geschehen. Denn erkennt: Kommunikation hat viele Formen und viele Sternenebenen. Viel Wissen von diesen Ebenen wird nicht verstanden, weil es eine andere Form der Kommunikation ist, und ihr dazu einen Transmitter, einen Transformator, einen Adapter braucht, damit dieses geschehen kann. Kiria Deva ist ein Transmitter, ein Adapter, und somit können hier Kommunikationsmißverständnisse sehr leicht und sehr schnell behoben werden. Dies ist Monka, und ich segne das Sternenselbst, das ihr seid, und ich segne die Kommunikation und die Verbindung dieses Sternenselbst mit all euren Ebenen. Seid gegrüßt aus den Ebenen von Saturn und der lichten Kriegerschaft von Mars. Seid gegrüßt mit der Zielgerichtetheit, seid gegrüßt mit der Liebe, die wir sind, auch in einem zielgerichteten Fokus. Seid gegrüßt und seid eingeladen in die Bibliotheken des Saturns. Dies ist Monka. Seid gesegnet!

Die Ebene von Andromeda strahlt auch die Energie ihres Bewußtseins auf die Erde, um bei der Heilung der Dualität behilflich zu sein. Dies ist ein bewußtseinserweiternder Aspekt, und die Wesen von Andromeda rufen uns zu: lebt die Liebe, lebt das Kollektiv, die Verzeihung, die Hingabe, die Leichtigkeit und die Freude. Diskutiert nicht darüber, welchen Ausdruck dies haben könnte, sondern lebt es. Spielt mit diesen Energien!

Über ihre Schwingung erreicht uns auch die Qualität des kosmischen Lachens, und sie empfehlen uns, dieses in unseren Systemen zu verankern und zu leben:

Verbindet euch mit dieser Qualität und leitet sie in eure Klienten. Dann kannst du im Gespräch mit den Energien spielen, und mache sie dabei auch auf ein Spiel, das sie selbst spielen, aufmerksam. Dadurch haben sie die Möglichkeit, in ihr Lachen zu kommen, und durch dieses Lachen öffnen sich die Systeme/Zellen und dann kannst du ausleiten (mit einer Kiria Deva Spitze und mit deiner klaren Absicht). Du kommst in ein System und kannst innerhalb kurzer Zeit den Energiefluß verändern. Die eigentliche "Arbeit" ist die Vorbereitung, ist das Bewußtsein zu schaffen, daß alles ein Spiel ist. Dadurch schaffst du ein Schwingungsfeld, das es sehr leicht macht, Blockierungen loszulassen, denn dann besteht kein Bedarf mehr, diese Energie zu halten, weil es keinen Sinn mehr hat, sie festzuhalten, weil sie "entlarvt" ist. Du demaskierst deine Klienten in einem sehr licht- und liebevollen Kontext.

Eine weitere, wunderbare Hilfe ist das goldene Licht des Tempels von AN. Dieser liegt auf dem mittleren der Gürtelsterne des Orion und ist Sinnbild des Annehmens der Andersartigkeit. Mit der Qualität dieses goldenen Lichts werden Vorurteile und Energien der Trennung über das Integrieren angenommen und lösen sich dadurch auf.

*****

Wie können wir nun die energetisierten Kristalle in diesem Zusammenhang nutzen?

Positioniere diese in Form des Sternbilds, mit dem du Kontakt aufnehmen möchtest, aktiviere sie mit deinem zielgerichteten Gedanken und richte sie so aus auf die dortigen Wissensspeicher, und ziehe dann das Sternenwissen herunter auf die Erde und vermittle es wohin auch immer du es hinlenkst. Sei es, daß du es in dein System lenkst, um deine Erinnerung, deine Wissensspeicher zu aktivieren; sei es, daß du es in die Systeme deiner Mitmenschen lenkst, um hier dieses Wissen zu vermitteln; sei es, daß du es Landschaften oder aber auch den Ebenen des Blauen Volks und der Inner Erde zur Verfügung stellst, damit Erwachen auf allen Ebenen des Seins stattfinden kann. Du kannst dich in das Sternenmuster hineinsetzen oder aber, wie bei dem Fernheilungsmandala, einen Ankerpunkt in der Materie, zum Beispiel ein Foto, in die Mitte des Bildes legen. Nimm stehende Kristalle, mit der Spitze nach oben, um Fixsterne zu markieren; für Nebelformen verwende Handschmeichler oder Kugeln. Auch hier fließt die Energie in beide Richtungen, der Verbindungsaufbau wird erleichtert, wenn die Spitzen nach oben zeigen. Dann kannst du sie umlegen, um die Information, das Wissen, in dein System zu lenken.

Diese Übung ist sehr hilfreich, um die Schwingungsebene deiner Herkunft zu stärken, die Erinnerung zu wecken oder um die Anbindung der Schwingung zu stärken, die im Moment für dich sehr präsent ist. Sie dient der Harmonisierung und Öffnung deines Systems und schafft so einen Ausgleich.

Ein anderes Beispiel: Über den Aufbau des Sternbilds von den Plejaden mit Kiria Deva Kristallen hilfst du, einem Menschen, der starke Kontrollmechanismen seines mentalen Seines lebt, sich mehr der Führung seines Hohen Selbst zu übergeben und in die Kommunikation mit seinen Emotionen zu gehen.

Die Legung solcher Sternbilder ist auch für Kinder sehr geeignet, um sie an ihre Herkunft zu erinnern und die Verbindung zu stärken. Bitte, immer im Einzelfall abwägen, ob und wie lange dies angenehm ist. Manchmal ist es auch sinnvoll, solch eine Sternenkonstellation um den Schlafplatz herum aufzubauen und diese für längere Zeit in Verbindung mit fünfdimensionalen Farben stehen zu lassen, um das Gefühl von Heimatlosigkeit und Abgeschnittensein zu heilen.

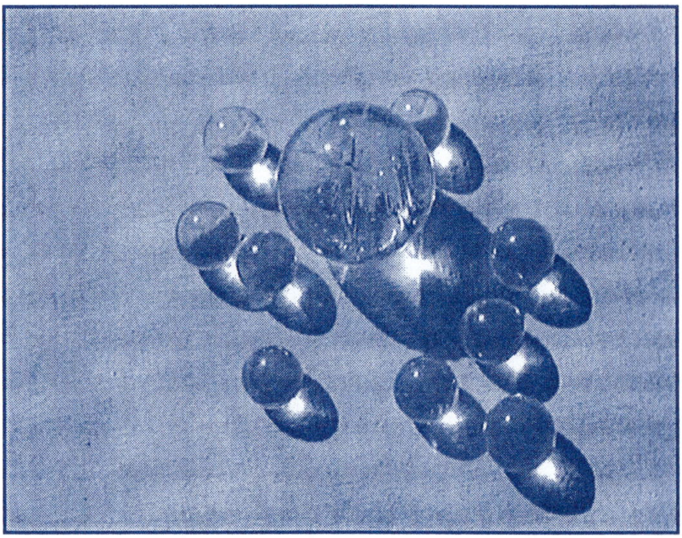

DER *RAT DER WEISEN VON ATLANTIS*

Darüber erzählte uns die geistige Welt folgendes:

Die zwölf Weisen von Atlantis sind ein Bewußtsein, du kannst dieses verbinden mit den zwölf Häusern von Kassiopaia, mit den zwölf Planeten, mit den zwölf Siegelungen in der DNS. Es wurde bereits über die Kraft der Zwölf berichtet. Diese Weisen von Atlantis sind in gewissem Sinne Hüter gewisser Themen, gewisser Bereiche, sie halten eine bestimmte Schwingungsfrequenz und verbinden sich untereinander zu einem heilen Bewußtsein, das ihr als „heiles Bewußtsein von Atlantis" bezeichnet.

Es ist auch möglich, über Kiria Deva Verbindung zum Rat der zwölf Weisen aufzunehmen. Der Rat der Weisen ist nicht untergegangen, der Rat ist aufgestiegen, wenn du so möchtest, er hat sich zurückgezogen auf eine Ebene der Einheit. Eine Ebene außerhalb von Zeit und Raum, wobei sie jederzeit andocken können, durch eine Art Zeittor reisen, um auch in unserer linearen Zeit zu sein und zu wirken. Sie sind Meister der Zeit. Auch die Mayas wurden stark durch diese Wesenheiten geprägt, aber nicht nur sie – auch viele andere Kulturen. Erkennt, daß es wichtig ist, dieses Bewußtsein mit der Liebe zu verbinden, die ihr seid. Erkennt, daß es um die Öffnung des Herzens geht, wie euch bereits gesagt wurde.

Und zu einem späteren Zeitpunkt erhielten wir folgendes Channeling:

Und dies ist der Weise Rat von Atlantis, und wir kommen über das Bewußtsein des Weißen Strahls mit den Emanationen der Engelreiche, die ihr Gabriel nennt. Wir sind eine Gemeinschaft aus dem Bewußtsein des lichten Fokus, eine Priesterschaft, die Wissen gehütet hat über Äonen. Nun ist es Zeit, dieses Wissen zu öffnen, damit der lichte Fokus von Atlantis verankert und eure DNS entschlüsselt wird, und somit Wissen in euch frei fließen kann - Wissen um das Bewußtsein der Einheit, die ihr seid.

Atlantis wird auferstehen in jedem einzelnen von euch und sich verbinden mit dem Herzen von Mu, damit Einheit in eurem Sein ist. Friede, Friede dehnt sich aus in den Ebenen von Atlantis, den Ebenen, in denen Zerstörung war. Friede dehnt sich aus in euren Herzen, und Einheit, kosmische Einheit, strahlt aus.

Erkennt, daß die Priester und Priesterinnen, die ihr gewesen seid, aufgerufen sind, sich zu erinnern an jene Zeit, als Atlantis blühte im Bewußtsein der Einheit, daß ihr aufgerufen seid, in den Nächten und in euren Meditationen Tempel aufzusuchen, um erneut das Wissen und die Fähigkeiten zu empfangen. Daß ihr aufgerufen seid, euch zu sammeln, euch zu verbinden in dem Bewußtsein der Einheit, nicht länger in dem Bewußtsein des Mangels, sondern im Bewußtsein des All-Einen-Seins, damit ihr gemeinsam in der dritten Dimension den lichten Fokus von Atlantis verkörpert.

Dies ist die Auferstehung - in euch entsteht Atlantis neu, im Bewußtsein des Friedens. Und wie einst Atlantis begann im Bewußtsein des Goldenen Zeitalters, im Bewußtsein des Zeitalters des Friedens, seid ihr nun die Kinder, die Kinder von Atlantis, die dieses jetzt wieder in sich auferstehen lassen und nun zur Vollendung bringen. Zur Vollendung bedeutet: in jeder Zelle eures Seins zu verankern und umzusetzen in eurem alltäglichen dreidimensionalen Sein.

Der Friede von Atlantis, der aufersteht, ist wie die Morgenröte, die ankündigt den neuen Tag, die ankündigt das neue Zeitalter. Atmet, atmet die Morgenröte ein und erfreut euch an dieser Energie und erlaubt wahrzunehmen, wie eure Herzen geheilt werden, eins werden und der Schmerz der Trennung nicht mehr ist. Atmet in eure Zentren der Ermächtigung, die ihr Solarplexus nennt, und nehmt wahr, daß Angst nicht mehr ist. Atmet und verbindet euer Herz, das Herz von Mu, mit dem Bewußtsein der Kraft von Atlantis, mit eurem Solarplexus. Dies ist von Wichtigkeit, denn dies ist der Schlüssel für die Geburt des kosmischen Menschen. Strahlt aus das Bewußtsein der Einheit von Herz und Solarplexus in jede Zelle eures physischen Seins und erkennt, daß dieses eine Sein, dieser Friede, in jeder Zelle Raum nimmt, der Friede sich ausbreitet und Stille ist in euch. Erkennt, die Geburt des lichten Fokus von Atlantis in der heiligen Vermählung mit dem Bewußtsein von Mu hat Raum genommen in eurem Sein.

Möge dieses Bewußtsein wachsen unter unserer Leitung, unter unserem Schutz in der Zusammenarbeit mit vielen geistigen Ebenen, die euch zur Seite stehen. Erkennt, ihr seid Kinder des Kosmos. Der kosmische Mensch ist ein Kind, das von vielen getragen und begleitet wird, denn es ist die Geburtsstunde einer neuen Ära, in diesem gesamten Universum.

Dieser Planet ist ein Heilungsplanet, die Schwingung des lichten Fokus von Atlantis wird dieses verkünden hinaus in den Kosmos, hinaus zu den Sternen tragen, und Freude wird sein im gesamten Universum. Freude, die zurückstrahlt zu jedem einzelnen von euch. Der Segen des heilen lichten Seins von Atlantis strahlt ein in euer Sein, berührt die kosmische Vermählung von Herz und Ermächtigung in eurem Sein. Dies ist der Rat als Gemeinschaft der weisen Priester aus Atlantis, und unser heiles Sein, unser liebendes Sein, segnet euer Tun und fließt durch euer Sein, fließt durch die Auferstehung des atlantischen Seins in euch hinaus über diesen gesamten Erdenstern und verbindet Himmel und Erde, verbindet alles Leben, das ist mit der Kraft des Einen-Seins.

Nehmt das Symbol des Lotus, aus dem ein Kristall entspringt, als Symbol der Vereinigung eures Herzens mit eurem Solarplexus als Symbol der Hochzeit von Atlantis und Mu, denn nicht länger getrennt werden diese Rassen sein, sondern sich zusammenfügen zu einem Sein. Dies ist der weise Rat von Atlantis, und unsere Liebe schwingt immerdar, seid gesegnet im Bewußtsein des lichten Seins, daß wir

Atlantis sind. Der Friede nehme Raum in eurem Sein. Amen.

KIRIA DEVA

Dieses ist KIRIA DEVA, und ich grüße euch im Bewußtsein des lichten Fokus von Atlantis.

Öffnet den Lotus eures Seins, öffnet den Lotus in eurem Herzen, erlaubt, daß er singt und blüht im Solarplexus eines jeden von euch. Und erlaubt euch zu erinnern an das Fließen, an das Wasser, auf dem der Lotus schwimmt, das genährt wird aus den Ebenen von Aldebaran. (Dieses Bild des Lotus, der aus den Wassern von Aldebaran sprießt, gab uns das Kollektivbewußtsein von Aldebaran in Erinnerung an ihr Erbe, das sie in atlantischen Zeiten in unseren Planeten und in uns gelegt hatten.) Nehmt dieses Bewußtsein des Genährtwerdens mit, auch wenn ihr dieses Buch des Lichts verlaßt. Nehmt mit die Liebe, die Atlantis ist, und tragt hinaus die Botschaft der Liebe im Namen von Atlantis, wo auch immer ihr seid und wo auch immer euch eure Seele hinführt. Erlaubt zu erkennen, daß ihr Eins seid mit dem Bewußtsein der Kristalle, ihr Eins seid mit dem Bewußtsein von Kiria Deva, und daß ihr es seid, die den lichten Fokus von Atlantis hinaustragt in die Welt. Erkennt, daß dieses nur geschieht, wenn ihr dieses tut, denn ihr seid mein Gefährt, ihr seid mein Transportmittel. Erkennt, daß es nichts nutzt, wenn Emanationen von Engeln zur Verfügung stehen, wenn es keine Erdensternenkinder gibt, durch die sie wirken können, die ihre Energien rufen, ihre Energien lenken, ihre Energien einsetzen.

So ist es auch mit der Kraft, die ich bin. Wenn ihr diese nicht nutzt, werde ich wieder schlafen für eine sehr lange Zeit, und deshalb ist es von Wichtigkeit, daß ihr hinausgeht und die Botschaft der Liebe, die Botschaft der Einheit, die Atlantis ist, verkündet. Laßt einfließen dieses Licht in euer Tun, in euer Denken, in euer Fühlen, in eure Kommunikation mit euren Lieben, und auch in die Kommunikation mit Menschen, die Herausforderungen sind für euch. Erkennt, daß nun die Zeit gekommen ist, wo das Paradies und das Reich des Friedens auf diesem Erdenstern Raum nehmen. Dazu ist es wichtig, daß ihr euch erlaubt, daß dieses geschieht, denn ihr seid die Meister der Materie. Ihr lenkt die Kräfte. Und wenn ihr dieses nicht für möglich haltet, daß Frieden ist, dann kann Frieden nicht sein. Deshalb ist es wichtig, daß ihr beginnt, Frieden zu denken, die Möglichkeit schafft, daß Frieden sein kann, Frieden zu fühlen, Frieden zu leben und Frieden zu sein. Dann ist geboren das Zeitalter des Friedens. Erkennt, daß ihr die Mittler seid, auch der Energie des Friedens.

Erkennt, daß auch in den Ebenen der nicht lichten Kräfte der vierten Dimension Freude ist, Sehnsucht ist, hineinzugehen in das Bewußtsein des Friedens, des Lichts. Daß sie nur vergessen haben, daß lichtes Sein sie sind, die zurückkehren können in den Ursprung, die ihr Quelle nennt. Und daß es wichtig ist, diesen Wesen zu helfen, sich zu erinnern.

Deshalb lade ich die Wesen, die dieses betrifft, ein, nicht davonzulaufen vor der vierten Dimension der nicht lichtvollen Ebene, sondern sie willkommen zu heißen und einzuladen, auf daß sie wissen, daß hier ein Leuchtturm, eine Wesenheit, ein liebendes Bewußtsein ist, das ihnen hilft, sich zu erinnern, damit sie heimkehren können.

Erkennt, daß einige von euch verfolgt werden von diesen Wesenheiten auch deshalb, weil ihr nicht stehenbleibt, und sie euch sozusagen verfolgen müssen, damit ihr innehaltet, um zu sehen, was eure Seele sich ausdachte, wozu eure Seele zustimmte. Denn erkennt, daß die Seele, bevor sie sich inkarniert, Liebe ist, voller Liebe ist, von Liebe umflossen ist, und aus der Liebe, die sie ist, sich auch entscheidet, in die Bereiche der Dunkelheit zu gehen, um dort den Geschwistern, die dort sind, zu helfen, in das Bewußtsein des Lichts zu gehen. Und deshalb ist es hier von Wichtigkeit, auf diesem Erdenstern nicht Angst zu haben vor der Dunkelheit, nicht Angst zu haben vor vierdimensionalen Wesenheiten, nicht Angst zu haben vor anderen Ausformungen des Nichtlichts. Nicht vor ihnen davonzulaufen. Nicht die Türen zu verriegeln. Nicht sich einzumauern oder sich schützen zu müssen vor dem Nichtlicht. Geht auf das Nichtlicht zu und sagt dem Nichtlicht, daß ihr es liebt, daß ihr es in Dank annehmt, daß ihr erkennt, was es ist: Licht, das vergessen hat, daß es Licht ist. Tut dieses in der Liebe, tut dieses in der Anerkennung der Andersartigkeit.

Erkennt, daß in euch, in eurer DNS, Licht und Nichtlicht verankert sind. Und ich bitte euch, daß ihr aufhört, Angst vor eurem eigenen Nichtlicht zu haben; daß ihr aufhört, auch vor eurem eigenen, nicht lichten Teil davonzu-

laufen. Haltet inne, öffnet eure Herzen, öffnet euer Sein und seht hinein in die Teile eures Systems, die auch vergessen haben, daß sie Licht sind. Bringt auch diese Teile in Liebe und Anerkennung zurück in die Einheit. Das ist von großer Wichtigkeit, denn das ist Ausdruck der Liebe zu euch selbst, der Liebe zu allem, was ist. Erkennt, daß Schutz eine Form des Panzers ist, und Schutz dadurch Trennung erzeugt. Deshalb ist es von Wichtigkeit, daß ihr euch erlaubt, schutzlos zu sein, und euch erlaubt zu erfahren, daß euch dennoch nichts geschehen kann. Dies ist wie eine Umprogrammierung in eurem System, und auch eine Umprogrammierung, die dadurch im morphogenetischen Feld entsteht. Denn lange Zeit wurde euch dieses gelehrt, und ihr habt verinnerlicht, daß es notwendig ist, sich zu schützen. Zu schützen vor anderen, zu schützen vor Einflüssen, zu schützen vor Bakterien, Viren, Krankheiten, zu schützen vor Tieren, zu schützen vor Pflanzen, zu schützen vor anderen Wesenheiten. Erkennt, daß durch dieses Bedürfnis nach Schutz die Isolation in eurem Sein gewachsen ist. Und dadurch ist auch der Nährboden der Angst gewachsen, und das war wunderbar, denn in diesen Ebenen wurdet ihr manipulierbar. Man spielte mit eurer Angst, und es war ein Leichtes, euch dadurch in Bereiche zu bringen, in denen man euch haben wollte – ganz global ausgedrückt.

Erkennt, daß nun die Zeit reif ist, jetzt durch das Erwachen des kosmischen Menschen, daß diese Angst sich wieder auflöst und Vertrauen Raum nimmt. Denn Menschen, die Vertrauen haben, können nicht manipuliert werden.

Menschen, die im Vertrauen sind, wollen und müssen sich auch nicht immer schützen. Und dadurch kann Begegnung, Berührung stattfinden.

Hört bitte auf, zu werten, hört auf, durch euren Alltag zu gehen und zu bestimmen, was Licht ist und was Nichtlicht ist. Was liebevoll und was nicht liebevoll ist. Was gut und weniger gut ist. Übt euch darin, aus dieser Form des Denkens herauszukommen. Aus dieser Form des Empfindens herauszugehen. Haltet inne und betrachtet die Rose, die blüht, in gleichem liebenden Bewußtsein wie eine Wesenheit, die nicht liebevolle Gedanken, Emotionen und Taten setzt. Übt euch darin, hier Gleichwertigkeit zu leben, zu vermitteln. Erkennt, daß Einheit ist, sowohl in der Rose als auch in dem Menschen, der hier wertende, nicht liebevolle Energien sendet. Erkennt, daß es sowohl die Rose braucht als auch diesen Menschen, um das Bild zu vervollständigen. Erkennt, daß Liebe die größte Heilungsmacht ist, und daß Liebe alle Grenzen überwindet. Und daß Liebe die Schwingen sind, auf denen sich das Bewußtsein der Rose mit dem Bewußtsein des Menschen, von dem wir sprachen, vereint. Erkennt, daß Liebe die Kraft ist, die nötig ist auch in euch, zu euch selbst, für euch selbst, um innezuhalten und all dieses zu betrachten, ohne zu werten.

Erkennt, daß ihr noch sehr im strukturierten Denken, im Linearen gefangen seid und daß es hier wichtig ist, mit den Augen der Liebe zu sehen und holistisches Sein zu erkennen. Es ist von Wichtigkeit, daß ihr beginnt, über eure dritte Dimension hinwegzusehen. Es ist von Wichtigkeit zu erkennen, was hinter dem Menschen, der nicht liebevoll handelt, ist. Zu erkennen, was seine Motivation ist, dieses zu tun, was sein Mangel ist, in diese Energie zu gehen. Und erkennt, daß ihr fähig seid, diesen Mangel zu lösen, aufzufüllen, indem ihr ihm Liebe schickt. Dadurch hat er die Möglichkeit, das Licht, das er ist, zu leben. Wenn ihr ihn bewertet, wenn ihr denkt: „das ist nicht gut, was er macht", dann vergrößert ihr seinen Mangel, und er wird noch lauter rufen, er wird noch mehr Mauern beschmieren, er wird noch mehr Hunde verprügeln, weil sein Mangel größer geworden ist und er dadurch lauter um Hilfe schreien muß. Das ist Verantwortung für das Leben. Und deshalb bitte ich euch, achtsam zu sein. Und mit den Augen der Liebe, ohne zu werten, die Rose und jenen Menschen gleich zu betrachten, ihm gleich zu begegnen. Nicht zu sagen, „ich werte ja nicht, aber ...", nicht zu sagen, „dieses oder jenes macht er, aber ich werte nicht", „ich sage nur, mir macht dieses ja nichts, er kann ja sein, wie er will, aber ...".

Erkennt, Schweigen, Stille, ist der Boden, auf dem Liebe wächst, die den Mangel füllt. Auf der Ebene von Klatsch und Tratsch, den ihr sehr liebt, kann Liebe nicht wachsen. Und dies ist von Wichtigkeit, daß ihr dieses erkennt, um mit dieser Erkenntnis hinauszugehen in die Welt. Denn erkennt, daß Klatsch und Tratsch ein eigenes Schwingungsfeld erzeugt haben. Man könnte es so nennen: Die Prägung von Klatsch und Tratsch ist ein eigenes morphogenetisches Feld im morphogenetischen Feld. Und erkennt, daß darüber,

über dieses Schwingungsfeld, sehr viel Verletzung geschieht. Erkennt, daß es nicht liebevoll ist, über ein System zu denken, daß es sich verändern soll. Daß es nicht liebevoll ist, über einen Menschen zu sagen, er ist selber schuld, würde er dieses oder jenes erkennen, würde er dieses oder jenes annehmen, dann würde es ihm besser gehen. Erkennt, daß es nicht liebevoll ist, über einen anderen Menschen zu denken, „ich habe es ja immer gewußt, hätte er auf mich gehört ..." und daß es nicht liebevoll ist, in eine Form des Hochmuts zu gehen, eben weil du immer schon gewußt hast, daß dieses oder jenes sein Thema ist, und er hätte dieses doch endlich früher lösen können. Erkennt, daß es auch eine Wertung sein kann, ein Angebot zu machen und nicht erfreut zu sein, daß er dieses Angebot nicht annimmt. Erkennt, daß ihr euch auch oft sehr schnell versteckt hinter dem Aspekt des freien Willens und sagt: „Er hat ja die Verantwortung für sein Leben, warum tut er denn nichts? Er hat den freien Willen, ich kann nichts anderes tun als dieses oder jenes. Dann ist es seine Entscheidung, ob er es annimmt."

Erkennt, daß dieses sehr leicht oft auch eine Ausrede vom Ego ist, um sich zu entschuldigen, um sich rechtzufertigen, um sich über das andere System zu stellen. Denn erkenne: Egal wie dein Bruder, deine Schwester, deine Mitmenschen sich zeigen, sich darstellen – du kannst ihnen immer mit Liebe begegnen, und es besteht immer die Möglichkeit, daß diese Liebe, die du ihnen entgegenbringst, wichtig ist, damit Heilung geschehen kann.

Erkenne, daß es deshalb wichtig ist, nicht in Strukturen zu denken, nicht in Schubladen zu stecken, sondern daß es darum geht, in der Offenheit der Begegnung zu bleiben, in der Liebe zu bleiben, die ihr seid - egal, in welcher Situation ihr seid, welche Wesen, welche Menschen, ihr trefft – ihr in diesem Bewußtsein der Liebe seid. Liebe ist geduldig. Liebe kann auch konsequent sein, doch niemals wertet die Liebe. Und es ist von Wichtigkeit, daß ihr diese Energie nehmt, daß Liebe niemals wertet! Und nun senkt sie hinein in euren Lotus, senkt sie hinein in das Wasser von Aldebaran und laßt die Liebe fließen und strömen, in jede Zelle eures Seins. In jeden Körper laßt die Liebe fließen, zu jedem Menschen in eurer Familie. Laßt die Liebe fließen zu den Pflanzen; laßt die Liebe fließen in die Gemäuer eurer Häuser; in die Erde.

Laßt die Liebe strömen zu all den Menschen, die euch heute begegnen, und all den Menschen, die euch vertraut sind. Laßt die Liebe fließen auch zu den Menschen, die ihr kennt und von denen ihr glaubt, daß ihr nicht liebevoll mit ihnen verbunden seid. Laßt die Liebe fließen zu allen Wesenheiten der Tiere und Pflanzen; zu den Wesenheiten des Blauen Volkes. Laßt die Liebe fließen in alle Ebenen der vierten Dimension. Laßt die Liebe fließen zu allen Ebenen des Nichtlichts auf diesem Erdenstern. Laßt die Liebe fließen in alle Gitternetze, in das morphogenetische Feld. Laßt die Liebe strahlen in den Stern, den ihr Gaia nennt. Durch und durch. Laßt die Liebe strahlen hinaus in den Kosmos, zu all den Sternen und den Sternenwesen, zu den lichten als auch den nicht lichten Kräften, und erfüllt dieses Universum mit der Liebe, die ihr seid. Nehmt sie mit und seid Liebe, wo immer ihr seid.

Dieses ist Kiria Deva, und ich danke euch. Ich danke euch für euer Tun. Ich danke euch für eure Bereitschaft, den Weg der Liebe zu gehen, der Weg der Liebe zu sein. Ich danke euch und segne die Liebe, die ihr seid. Ich segne euer Herz, ich segne euren Solarplexus, ich segne euer drittes Auge, ich segne die Verbindung zu der Erde. Möge sie freudvoll sein, möge sie voller Liebe sein. Ich segne die Klarheit in eurem System. Ich segne die Verbundenheit mit allem, was ist. Ich segne die Kraft des Friedens, die Kraft des Verbindens und die Kraft der Einheit. Ich segne die Gesamtheit, die Einheit, die ihr seid.

Und ich segne euch in der Klarheit, die ich bin. Und ich senke hinein die Energie der Ebenen des Gabriels über die liebende Präsenz des lichten Fokus von Atlantis in euer System. Damit die Klarheit sich verbindet in der Kraft des Einenden und Harmonie Raum nimmt in Form der klaren Kommunikation zwischen allen Ebenen eures Seins. Und so seid ihr Gesandte der einenden Klarheit und geht hinaus in die Welt, um dieses zu sein, und unterstützt somit die Verankerung des lichten Fokus von Atlantis als Vorläufer der Geburt der fünften Dimension. Erkennt, Freude möge euch geleiten in den kommenden Jahren! Liebe möge euch begleiten in eurem Tun! Friede möge euch durchdringen! Und erkennt, daß all dieses nun einfließt über die Emanati-

onen von Gabriel auf der Ebene der Schwingung von Kiria Deva, die ich bin, und Einheit bringt. Ich danke euch für euer Sein. Ich danke euch für den Mut, diesen Weg des Lichts zu gehen. Und ich lade euch ein, mich zu rufen, um immer wieder die klärende Einheit und die einende Klarheit einfließen zu lassen in euer Denken, Fühlen und Handeln. Dieses ist Kiria Deva, und ich segne euch aus tiefster Liebe, die ich für euch und euren Erdenstern empfinde. Dieses ist Kiria Deva. Amen!

DANKSAGUNG

Dankeschön!!!

Vor alle Dingen danke ich meiner Familie für die Geduld mit mir und die Zeit, in der sie mich entlastet hat, damit ich schreiben konnte. Ganz besonders aber meiner lieben Ava für ihr liebevolles Drängen und die Gespräche und Anregungen. Ich danke auch der Weite und Bereitschaft ihres Kanals, den sie mir für so viele Fragen und deren Beantwortung zur Verfügung gestellt hat.

Mein Dank fließt auch zu Mara Ordemann für das Vertrauen in dieses Wissen und ihren Glauben, dieses über ihren Verlag in die Öffentlichkeit zu bringen, das sie durch eine leichte und fließende Zusammenarbeit ausdrückte.

Und dieser Dank richtet sich natürlich auch an die geistige Welt, an Kiria Deva und das Blaue Volk, die Weiße Bruder- und Schwesterschaft, die Raumbruderschaften und die Solare Vereinigung, die Engelwesen und alle hier nicht erwähnten Bereiche, die mir geduldig Auskunft geben und es mir dadurch ermöglichen, mein Wissen um Heilung und Einheit mit euch zu teilen.

BEGRIFFSERKLÄRUNGEN

Chakren

Diese sind im Körper (und auch außerhalb des physischen Seins) verteilte Energiewirbel oder -zentren, die sich für uns als Diagnosemittel und zum Kennenlernen des Menschen als hilfreich erweisen. Auch hier geht es darum, die Trennung, die durch dieses System hervorgerufen wird, zu transformieren und die Energie der Einheit Raum nehmen zu lassen.

Hohes Selbst

Die Energie des göttlichen Seins, das in allen präsent ist. Die Seele, unser göttlicher Funke, wird meist dem ersten Chakra oberhalb des physischen Körpers (also dem achten) zugeschrieben. Dieses ist aber über den Spirituellen Körper auch überall in unserem Wesen verankert, und so ist das Bild des Seelenthrons auch nur ein Hilfsmittel zum besseren Verständnis und sollte keine Trennung in unserem System bringen. Wir beginnen jede spirituelle Arbeit mit einer bewußten Verbindung zum Hohen Selbst, um ein Handeln aus den Motivationen des Egos zu minimieren.

Hyperborea

Dies ist die Schwingungsebene der zweiten Welt, einer Zeitqualität vor Atlantis mit der Ausrichtung auf Heilung. Wir können zum Beispiel Zugang zu dieser Ebene über das Wassergitternetz oder den Andreasgraben in Kalifornien aufnehmen und diese Heilenergie in der Farbe eines dunklen Grüns für uns nutzbar machen.

Implantat

Das ist ein in sich geschlossenes Objekt, ein Energiegebilde, das Disharmonien und Blockaden erzeugt und so Abhängigkeiten und energetische Verbindungen zu Wesenheiten des Nichtlichts bildet. Die Auswirkung hängt von der Zielsetzung, der Art und der Stelle ab, wohin es gesetzt wird.

Körperebenen

Wir teilen das System des Menschen in vier verschiedene Ebenen ein:

- Physischer Körper.
  Er stellt die grobstoffliche Materie dar, besteht aber gleichzeitig aus ca. 98% "leerem Raum.
- Emotionalkörper.
  Er birgt neben dem physischen Speicher der DNS auch die Erinnerungen an andere Inkarnationen, an Erlebnisse aus der Kindheit (Inneres Kind) und ist für jede Verteilung und Verwaltung von Energien auf allen Ebenen zuständig.
- Mentalkörper.
  Er stellt die dritte Ebene dar. Er ist das Feld der Gedanken und Überzeugungen, kreiert Neues und ist mit dem morphogenetischen Feld verbunden, aus dem er

Anregungen und Verhaltensweisen empfängt.

- Spiritueller Körper.
  In ihm ist die Energie des Hohen Selbst verankert, ebenso unsere Kodierung als Lichtwesen. Er stellt die Verbindung zum Lichtkörper dar.

Jedes System der Einteilung in verschiedene Ebenen des Körpers ist willkürlich und sollte nur als Veranschaulichung dienen. Die Trennung in verschiedene Ebenen ist eine Illusion, wie jede Energie der Trennung.

Lichtsäule

Eine Lichtsäule ist ein energetisches Gebilde, das uns behilflich ist, eine bestimmte Schwingungsebene, die je nach Farbe/Energie eine ganz besondere Qualität in sich birgt, zu halten und zu nutzen.

Morphogenetisches Feld

Das ist ein Energiefeld, das unseren Planeten umgibt und auf alle Ebenen unseres Seins einwirkt und uns so beeinflußt. (Zum Beispiel die Überzeugung, daß der Mensch nach einer gewissen Lebensspanne zu altern beginnen muß und dann das Ende seines physischen Lebens kommt.)

Mu

Dies bezeichnet das Kollektivbewußtsein der Ebene von Lemurien, auch die "Hauptstadt" von LeMUrien wurde so genannt.

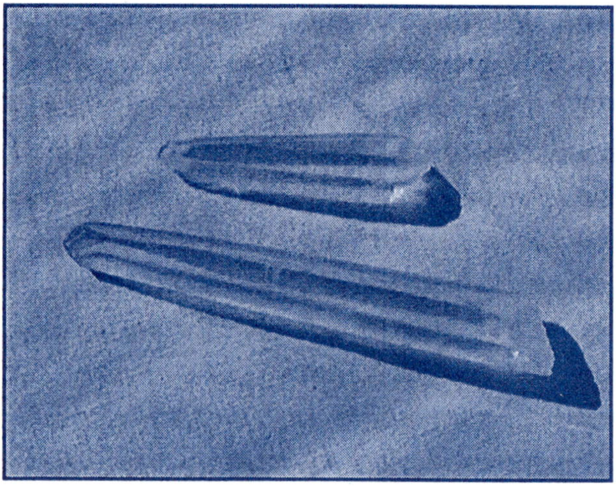

BEZUGSADRESSEN für Kiria Deva Kristalle und nähere Informationen über Seminare und Ausbildungen:

Für Österreich und die Schweiz

Lichtgarten
Ava & Antan Minatti
Dr. Glatz-Straße 27, A-6020 Innsbruck
Tel./Fax 0043-512-361985
lichtgarten@lichtgarten.com
lichtgarten.com

Für Deutschland

Blaue Lichtburg
Leben in Licht und Liebe
In der Steubach 1
D-57614 Woldert
Tel.: 02684. 978 808
Fax.: 02684. 978 805
Smaragd-verlag@t-online.de

ADRESSENLISTE
von ausgebildeten Kiria Deva Kristall-Lichtarbeiter/Inne/n

Ursula Bachl
Hausern 35
A-6342 Niederndorferberg
Tel.: 0043 5373 61616

Marita & Reinhard Burtscher
Tafernstraße 35
A-6800 Feldkirch
Tel.: 0043 55 22 31 8 21
burtscher.mr@t-online.at
http://home.t-online.at/home/burtscher.mr

Dita Delong
Kirchplatz 11
A-6162 Mutters
Tel./Fax: 0043 512 546062
Email: dita.delong@gmx.at

Gertrud Engensteiner
Reitle 292
A-6432 Sautens
Tel.: 0043 0676 925 1149

Ulrike Antarix Grieß
Valpichlerstraße 8
D-80686 München
Tel./Fax.: 0049 89 5786 8021

Margareth Hafner-Pfeifer
Haus Rosengarten
Perlweg 20
I-39018 Terlan
Tel./Fax: 0039 0471 257496
rosen@dnet.it

Sigrid Neururer
Grenzstein 979
A-6473 Wenns

Ingrid H. Klauser
Kühbachweg 15 b
I-39050 Völs / Schlern
Tel./Fax.: 0039 0471 / 725678
art@imagine-studio.it

Antaris – Gina Schatzl
Kirschentalgasse 16
A-6020 Innsbruck
Tel.: 0043-650-2341493 oder 0043-512-277372
Gina.Schatzl@gmx.at

Klara Gatterer Starkl
Michael-Pacher-Straße 24
I-39030 Pfalzen
Tel.: 0039 0474 528140 Fax.: -528090

Suomi Martina Steiner
Kirschentalgasse 16
A-6020 Innsbruck
Tel.: 0043-512-277372
Suomi@gmx.at
homepage: http://shekaina.tripod.com/

Dorothe Schwarzenberger
Sparbegg 194
A-6072 Lans
Tel./Fax.: 0043 512 37 00 38

Paul Walch
Reiki – Gesundheitszentrum
Ing.Ballerstr. 1
A-6460 Imst
Tel.: 0043 5412 63050
reiki@kronline.at

ÜBER DEN AUTOR

Antan Minatti leitet mit seiner Frau Ava Minatti, der Autorin von *Die Kinder der Neuen Zeit*, in Innsbruck das Seminarzentrum *Lichtgarten* und arbeitet als Medium für die Weiße Bruder- und Schwesternschaft und Kiria Deva.
Er bietet Einzelsitzungen, Seminare und Ausbildungen an, u. a. zum Kristallheiler und zum Botschaftersein für die geistige Welt.

Claire Avalon

Die zwölf göttlichen Strahlen und die Priester aus Atlantis

384 S., geb., ISBN 3-93425412-8

Dieses umfangreiche, ausschließlich gechannelte Werk enthält hochinteressante Informationen über das Wirken der zwölf göttlichen Strahlen und macht uns mit dem neuen und doch alten Basiswissen aus Atlantis vertraut, das uns bisher nicht zur Verfügung stand.

Im ersten Teil beschreibt der Aufgestiegene Meister El MORYA den Weg ins Neue Zeitalter und die grundlegende Arbeit mit den zwölf göttlichen Strahlen.
Im zweiten Teil des Buches macht er uns anhand eines leicht verständlichen Beispiels damit vertraut, wie wir mit Hilfe der zwölf Strahlen in zwölf Schritten einen sinnvollen Plan umsetzen und somit zum Mitschöpfer werden können.
Im letzten Teil lernen wir 84 atlantische Priester und Priesterinnen kennen, die von EL MORYA vorgestellt werden und dann selbst zu ihren speziellen Aufgaben sprechen. Auf jedem der zwölf Strahlen dienen sieben von ihnen, indem sie die Aufgestiegenen Meister und Weltenlehrer mit ihrer makellosen atlantischen Energie unterstützen. Erst jetzt, zu Beginn des Neuen Zeitalters, ist ihre Zeit gekommen, sich uns zu offenbaren und uns ihre göttliche Hilfe anzubieten.
Ein wichtiges Buch, das auch viele Therapeuten, Heilpraktiker und Helfer der Menschheit erreichen möchte.

Claire Avalon

Die Weiße Bruderschaft
EL MORYA: Was ihr sät, das erntet ihr!

256 S. brosch., ISBN 3-926374-59-4

EL MORYA, Aufgestiegener Meister und Herrscher des Ersten Strahls, zeigt in diesem Buch über Karma sehr anschaulich, daß es keinen strafenden Gott gibt, sondern jede Seele für das verantwortlich ist, was ihr widerfährt und daß jedes noch so kleine oder große Problem seine Ursache hat. Vor allem läßt er uns spüren, daß der Vater allen Seins mit unendlicher Liebe und Güte auf die Rückkehr jeder Seele wartet. Auch für Therapeut/inn/en ein wichtiges Buch.

Claire Avalon

Wesen und Wirken der Weißen Bruderschaft

ISBN 3-926374-90-X

"Wie wir wurden, was wir sind –
Und wie wir werden dürfen, um zu sein."
Die Autorin vermittelt in einfacher und klarer Sprache den Aufbau der Großen Weißen Bruderschaft, einer rein geistigen Hierarchie für unsere Erde, und geht dabei weit zurück bis zu den Ursprüngen unseres Seins.
Außerdem weisen die Aufgestiegenen Meister und Weltenlehrer, wie Jesus, Helios, Kuthumi, Maha Cohan, Maitreya, Sanat Kumara, anhand gechannelter Texte den Weg zurück ins Licht.

Ava Minatti

Die Kinder der Neuen Zeit –
Strahlende Funken des Lichts

196 S., brosch., ISBN 3-934254-23-3

Immer mehr Kinder werden weltweit geboren, die bereits mit einem neuen Bewußtsein zur Welt kommen und somit Verhaltensweisen an den Tag legen, die „anders“ sind.
Ava Minatti, selbst Mutter von zwei „neuen“ Kindern, erzählt von ihren persönlichen Erfahrungen in der Schwangerschaft, bei der Geburt und im Alltag mit diesen Kindern und bietet viele praktische Anregungen, Übungen und Meditationen.
Botschaften aus der geistigen Welt, u.a. von Engeln und des Aufgestiegenen Meisters Hilarion, runden das Bild ab.
Dieses Buch richtet sich nicht nur an Eltern, sondern an alle, die mit Kindern zu tun haben – u.a. Großeltern, LehrerInnen, ErzieherInnen.

Hermes Schmid

Das Licht der Wahrheit -
Botschaften der Erzengel

128 Seiten, brosch. ISBN 3-934254-28-4

In diesem Buch melden sich die Erzengel zu Wort und offenbaren sich als aufmerksame Begleiter der Menschheit, als kraftvolle und lebende Helfer, deren Ratschläge uns unermeßlch wertvoll sein sollten, wenn wir bereit sind, sie zu hören. Doch die Engel sind geduldige Lehrer, die sich immer und immer wieder bemühen, uns zu erreichen und den Panzer, den wir rings um unsere Seele aufgebaut haben, zu durchdringen.
In diesem Buch sprechen die Erzengel über ihre jeweiligen Aufgabenbereiche zu uns und offenbaren uns, wie umfassend wir von ihnen umgeben und behütet sind. Dazu schenkt jeder der Engel dem Leser eine spezielle Meditation, die den Meditierenden für den jeweiligen Aspekt des Erzengels öffnet und sensibilisiert.

Silvia Mutti

Kosmische Essenzen
Tore zum Göttlichen ICH BIN

352 S., geb. ISBN 3-934254-07-1

Diese immens hoch schwingenden Essenzen – aus dem Kosmos gechannelt – dienen als Hilfe, Blockaden und Belastungen der Vergangenheit schneller zu lösen, damit wir die in uns allen schlummernden Potentiale positiv leben und uns so schneller spirituell entwickeln können.
Lichtwesen, Meister, Weltenlehrer und viele andere Wesen aus der geistigen Welt haben durch ihre wunderbaren Energien dazu beigetragen, dieses Essenzenprojekt zu verwirklichen, das unter der Leitung von Jesus Christus steht.
Ein wichtiges Buch für Eltern, die ihre Kinder bereits früh mit Essenzen auf ihrem Weg begleiten möchten und mit zahlreichen Meditationen auch ein wichtiges Arbeitsbuch für Therapeuten und Astrologen.

Stella Maris

ICH BIN-Affirmationen mit den

Aufgestiegenen Meistern

52 Kärtchen + Booklet
ISBN 3-934254-32-2

Diese wunderschönen Affirmationen möchten Sie auf Ihrem spirituellen Weg begleiten und können eine Hilfe sein, durch Konzentration auf die eigene, göttliche ICH-BIN-Kraft die innere Mitte und den Weg zu Gott zu finden. – Als Meditation, als Motto des Tages, als Hilfe für sich und andere in einer schwierigen Situation, u.v.m..

ICH BIN erfüllt von der göttlichen Liebe und suche in jedem Menschen das göttliche Licht Rowena
Ich rufe die ICH-BIN-Gegenwart des kosmischen Christus in mir an. Jesus Sananda
ICH BIN das Licht der Liebe und schwinge im göttlichen Ton. Sanat Kumara

Worte der Aufgestiegenen Meister

Gesammelt und zusammengestellt von Stella Maris
52 Karten + Begleitheft in einer Box . ISBN 3-934254-13-6

Immerwährende Weisheiten von El Morya, Hilarion, Maitreya, Jesus Chjristus Sananda, Serapis Bey, Kwan Yin, Lady Nada, Rowena, St. Germain und vielen anderen Aufgestiegenen Meistern. Man zieht eine Karte als Motto der Woche, um die Energie des einzelnen Meister oder der Meisterin in sein Leben einzuladen und so den Alltag besser zu bewältigen. Eine praktische Lebenshilfe in einer Zeit der Hektik und des Stresses.
"Der Weg der Erleuchtung liegt in der Entscheidung, sich der göttlichen Kraft zu öffnen und das Göttliche im Alltäglichen zu lieben". (Lady Nada)

Weisheiten der Liebe

Gesammelt und zusammengestellt von Stella Maris
52 Karten + Begleitheft in einer Box ISBN 3-934254-22-5

Worte der Liebe für den Alltag und ein liebevolles Miteinander, von Heine, Goethe, Coco Chanel, Novalis, Hesse, u.v.a.: Als Liebeserklärung, als Botschaft des Lächelns, als Gedanken der Ruhe in der Hektik des Tages, als Zeichen der Versöhnung nach einem Streit ... Für Liebende und alle, die mehr Liebe in ihr Leben bringen möchten:
"Und könnte ich reden mit Menschen und Engelszungen und hätte der Liebe nicht, so wäre ich ein tönernes Glas und eine hölzerne Schelle." Die Bibel
"Die Liebe ist ein Stoff, den die Natur gewerbt und die Phantasie bestickt hat." Voltaire
"Liebe ist der Endzweck der Weltgeschichte, das Amen des Universums." Novalis

Barbara Vödisch
Lady Nada: Botschaften der Liebe

196 S., DIN A 5, Softcover, ISBN 3-926374-75-6

Hier ist die Antwort der geistigen Welt zu einem Thema, das die Menschheit seit jeher bewegt hat.
Nada, Aufgestiegene Meisterin, spricht über das Thema Liebe in all seinen Facetten: Die Liebe zu sich selbst und zu anderen; zu Pflanzen und Tieren; Kontakt mit der geistigen Welt – das sind nur einige Themen dieses Buches, aus dem so viel Liebe strömt, daß einem bei der Lektüre ganz warm und das Herz ganz weit wird.

Barbara Vödisch
Lady Nada – Meditationen der Liebe
128 Seiten, DIN A 5 . Softcover . ISBN 3-934254-00-4

Für alle die Menschen, die *Lady Nada – Botschaften der Liebe* mit Begeisterung gelesen haben und diese Botschaften praktisch in ihr Leben integrieren möchten.
Meditieren Sie mit Nada –

- Meditationen zur Erinnerung an eine Existenz in bedingungsloser Liebe; für Liebe und Vergebung; Befreiung von Abhängigkeiten in Beziehungen; die Liebe zu sich selbst: für den inneren Frieden, u.v.m. –

als Hilfe, uns daran zu erinnern, was und wer wir wirklich sind.

Barbara Vödisch
Einssein mit Gott – das Ende jeder Suche
192 S., brosch. ISBN 3-934254-08-X

Mit überwältigender Intensität und Dringlichkeit über Wochen, von einer nicht beschreibbaren unendlichen lichten, in in allem enthaltenen Energie erfaßt, empfing die Autorin innerhalb kürzester Zeit diese Durchgaben von "ES", göttliches Sein, das zu uns Menschen spricht, um uns zu helfen, die Einheit mit Gott zu erfahren.
Eins sein mit Gott ist nicht Erleuchteten in Indien, Mönchen oder Asketen vorbehalten. Es ist jedem Menschen zu jeder Zeit möglich.

Dieses Buch räumt daher mit Mißverständnisse und Tabus auf und ermutigt und hilft dem spirituell erfahrenen, aber auch dem unerfahrenen und skeptischen Leser, aller Suche ein Ende zu machen und unendliches göttliches Sein, unendliche göttliche Liebe für immer gewahr zu werden.

Gina Hellmann

Mein magisches Rosenbuch

240 Seiten, geb. mit zahlr. vierfarb. Abb. ISBN 3-934254-33-0

Gina Hellmann hat sich auf Spurensuche gemacht und Rosen in ihrer Vielfalt entdeckt, die bisher einmalig ist: Wußten Sie, daß auch die Rosenliebe durch den Magen geht? Oder sich mit einer Rose wunderschön meditieren läßt? Oder die Rose inzwischen auch ihren Platz in Feng Shui gefunden hat? Oder ein Rosenritual die Liebe neu erblühen läßt?

Ratschläge, wie man Rosen züchtet, finden Sie in diesem Buch nicht – dafür eine Fülle magischer Tips rund um die Rose - und natürlich dürfen literarische Rosenblüten nicht fehlen.

Also: Lassen Sie sich überraschen und fangen Sie den Sommer und den Zauber der Rose ein – mit der Lektüre dieses Buches, einem köstlichen Rosendessert, einer romantischen Liebesnacht im Duft von Rosen, und, und, und ...

Mit vielen Rezepten und Ritualen rund um die Magie der Rose und einer Reihe wunderschöner Bilder und Fotos.

Anna Amaryllis

Die Weiße Bruderschaft – Freunde im Licht

160 S. brosch., ISBN 3-926374-52-7

Dieses Buch gibt einen Einblick in das Wirken der Weißen Bruderschaft, zu deren Mitgliedern u.a. Jesus, Daskalos, El Morya, St. Germain, die Indianerin No-Eyes und Yogananda gehören. Es vermittelt Zuversicht, Kraft und Freude all denen, die um die Frunde im Licht wissen und sich diesen Energien öffnen. Das Einstiegsbuch zum Thema DIE GROSSE WIESSE BRUDERSCHAFT.

Patricia Monaghan

Mein magischer Garten

Aus dem Amerikanischen übertragen und bearbeitet von Gina Hellmann

240 S., Großformat, gebunden, ISBN 3-934254-15-2

Patricia Monaghan ist Pionierin der spirituellen Frauenbewegung und Autorin einer Reihe Bücher zu diesem Thema, u.a. dem *Lexikon der Göttinnen.*

Mein magischer Garten zeigt Ihnen, wie Sie einen kleinen unscheinbaren Acker in einen magischen Garten verwandeln können und macht Sie nicht nur mit den praktischen Aspekten, sondern auch mit dem Mythos des Gärtnerns vertraut; verrät Ihnen Tips zur Pflege des Bodens; bringt Gartenrituale und Zeremonien; Meditationen für die Jahreszeiten und die "alten Wege"; hilft Ihnen, Ihren Garten zu weihen; veranschaulicht Pflanzen-Archetypen und –devas; läßt sie den spirituellen Gewinn der Gartenarbeit entdecken; und enthüllt Ihnen schließlich sechzehn phantasievolle Gartenpläne, mit denen Sie den Garten Ihrer Träume schaffen können: Die Einhornwiese, Bastets Katzengarten, zwei Drachengärten, einen Feengarten, einen Hexengarten und viele andere.

Ein wichtiger Beitrag zu der Art und Weise, wie wir mit unserer Mutter Erde umgehen können. Mit zahlreichen Abbildungen.